時勢好惡，做基督徒好難

Sing XXXX to the Lord

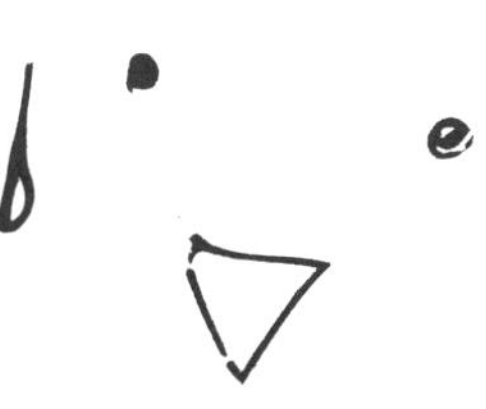

社會文化

Sing XXXX to the Lord

Sing Hallelujah to the Lord!

Sing Hallelujah to the Lord!

Sing Hallelujah, Sing Hallelujah,

Sing Hallelujah to the Lord!

Sing Hallelujah to the Lord!

Sing Hallelujah to the Lord!

Sing Hallelujah, Sing Hallelujah,

Sing Hallelujah to the Lord!

Sing Hallelujah to the Lord!

Sing Hallelujah to the Lord!

Sing Hallelujah, Sing Hallelujah,

Sing Hallelujah to the Lord!

Sing Hallelujah to the Lord!

Sing Hallelujah to the Lord!

Sing Hallelujah, Sing Hallelujah,

Sing Hallelujah to the Lord!

Sing Hallelujah to the Lord!

Sing Hallelujah to the Lord!

Sing Hallelujah, Sing Hallelujah,

Sing Hallelujah to the Lord!

Sing Hallelujah to the Lord!

Sing Hallelujah to the Lord!

Sing Hallelujah, Sing Hallelujah,

Sing Hallelujah to the Lord!

Sing Hallelujah to the Lord!

Sing Hallelujah to the Lord!

Sing Hallelujah, Sing Hallelujah,

Sing Hallelujah to the Lord!

Sing Hallelujah to the Lord!

Sing Hallelujah to the Lord!

Sing Hallelujah, Sing Hallelujah,

Sing Hallelujah to the Lord!

目錄

Part 2：做人好難

Part 3：教會好煩

推薦序一
陳述如啟示

孫寶玲牧師

台灣神學研究學院新約教授

「陳述如啟示」(Presentation as Revelation),好友柏堅傳來《時勢好惡,做基督徒好難》,再一次說明重譯和演繹是上帝話語活潑常存的說明。五十二篇短文,每篇先以廣東話重譯經文選段,隨後以經文作為透鏡,審視我城的遭遇景況。

要以港式廣府話表達我對這書的感覺,就是「抵死、到肉、攞命」。當然,所謂的「攞命」,是攞那些助紂為弱的權貴高買,甚至是虛有其表、本末倒置的老底嘉教會的命。

柏堅以百姓的真實語言,勾畫上帝的憧憬。我認為香港的教牧信徒應人手一本。對教會以外的人而言,「禮失求諸野」,可以讓你在那陳腔濫調或自 high 的廢喻中得聽信仰之言。

推薦序二
用粵文重新讀《聖經》

Edwin Lo

香港中文大學通識教育基礎課程講師

《講故佬 BookTalker》粵譯專頁負責人

《香港語文——聽陳蕾士嘅秘密》作者

經朋友穿針引線下，能夠預先拜讀梁柏堅先生嘅作品，又能為此書寫序，不勝惶恐之餘，更叫人雀躍不已。

《聖經》係基督宗教嘅經典。對基督徒嚟講，《聖經》甚至係「神嘅話」，係啟示嘅權威同來源，所以相信對信仰稍為認真嘅信徒都必定讀過《聖經》。但如果問多句：你讀緊邊一本《聖經》呢？對唔少香港信徒，以至華人信徒嚟講，可能會覺得不明所以，或者聽落覺得好哽耳添——「《聖經》點會有多於一本呢？！」先唔講文本批判等艱澀嘅學術問題，但喺不知不覺間，我哋彷彿已經將中文《聖經》同《和合本》畫上等號。「神愛世人，甚至將祂的獨生子賜給他們。」「愛是恆久忍耐，又有恩慈……」「起初神創造天地。」呢啲金句你我想必朗朗上口，因為每句都烙印喺我哋個腦同把口入面。

正因為華人信徒廣泛使用《和合本》，而基督徒又經常要喺不同場合上（譬如敬拜、講道、團契、靈修等等）誦讀經文，於是久而久之產生咗一種香港信徒獨有嘅現象：我哋會經常用廣東話誦讀一啲唔啱廣東話語法嘅白話文。我哋早已訓練有素，再聽唔出任何違和感。而且習以為常到一個地步，有時仲會影響埋日常講嘢嘅習慣。唔單止噉，經文同口語之間嘅巨大差異甚至會令人產生錯覺，覺得講說話時多用《聖經》詞彙同句法（其實係《和合本》嘅詞彙同句法）會好似「屬靈」啲噉。

但呢種態度正正同《聖經》背道而馳。《新約聖經》本身就以 Koine Greek（通用希臘語）撰寫，係當時嘅通用語言嚟，平易近人，人人通曉，口講手寫皆宜。再者，從《聖經》翻譯史我哋同樣睇得出呢種精神。宗教改革家馬丁路德（Martin Luther）曾經喺一封公開信度提及自己翻譯《聖經》嘅信念：「我哋要詢問吓啲家庭主婦、街邊孩童同市井之輩。我哋應該以佢哋嘅語言同講嘢方式為指引，藉此進行翻譯」（Rather we must inquire about this of the mother in the home, the children on the street, the common man in the marketplace. We must be guided by their language, the way they speak, and do our translating accordingly.）。由此可見，《聖經》嘅語言從來唔係高高在上，而係貼近常人，一言以蔽之，即係「貼地」，而《時勢好惡，做基督徒好難》一書正正係表達緊呢種信念。

喺香港，大多數人都係以廣東話為母語，耳聽粵語時格外親切。雖然粵文今時今日依然未成大器，不過廣東話《新舊約全書》早於 1907 年已經面世，可謂粵文嘅先鋒。梁柏堅先生呢本書亦沿襲呢個傳統，以港人熟悉嘅語言，將《聖經》呈現喺大家眼前。

當我細讀本書時，不期然聯想起 Eugene Peterson 所譯嘅 *The Message* 譯本（之後讀到〈死跟耶穌包無死〉一文，發現作者正正受到 *The Message* 嘅啟發，唔怪得之！）。因為梁先生嘅譯本唔單係粵譯，更喺字裏行間大量使用到香港嘅文化、傳統、諺語、潮語、概念同思維等，間唔中亦引用到香港所發生嘅大小事。對香港讀者嚟講，譯文應該係非常有親切感，或者會令你會心微笑，但更可能係笑中帶淚。對我嚟講，每篇譯文唔單係「經文」，更加似係一篇篇嘅「釋經文章」，將《聖經》經文帶入香港嘅處境去理解。

另外，我一路讀嘅時候，心入面亦有種既熟悉又陌生嘅趣怪感覺。因為用全新方式去讀熟悉嘅經文時，我再唔可以念口簧敷衍了事，反而覺得經文嘅意思更加鮮明突出。當經文扣連住生活大小事時，我都再一次受提醒：「但你哋要行道，唔好淨係聽過就了，嚟呃自己」（雅各書 1:22，1906 年《新約全書廣東話譯本》）。《聖經》唔單係要讀，亦係要行。

梁柏堅先生喺書入面將呢種知行合一嘅精神帶咗出嚟。基督徒本該係一班喺世人面前見證神嘅聖民，聖潔卻不離地。可惜近年來，基督徒畀人嘅感覺不再「真誠」，只有

「虛偽」；不再「勇敢」，只有「怯懦」；不再「求真」，但求「和諧」；金盆洗手，不問世事。書中每篇文章都係批判緊呢種態度，但以《聖經》經文去思考如何面對時局、如何待人處世，亦審視香港教會各種常見問題。無論認同與否，我覺得每篇都值得我哋一再深思。

希望讀者能夠藉住嶄新而有趣嘅譯文，重新發現《聖經》經文嘅趣味同意思。

推薦序三
叫人心心眼的一本書

周力榮牧師

基督教耀安教會主任牧師

兩個理由為這書寫序……

認識柏堅已近三十年，同一所堂會，每週相聚，早就從牧養的關係轉為同行者。在保持自己信仰思考活力上，他更是我重要的靈旅同伴。我們堂會的肢體，愛稱柏堅做拉比，這絕非因他喜愛為師，終日指點，而是由於他開闊的視野、對人間世情常能作出睿智點評，往往能為前來尋道的人帶來破迷的覺醒。與柏堅傾談過的人，都會同意，他的言談常滲溢一份溫和、平靜、從不爭競的氣息，親和有力地鼓勵着人開放心思，彼此聆聽。

讀這書裏五十二篇靈修式散文，您將找到一位非常樂意聆聽，與您對話的智者，您能從本書中感受到同一位柏堅，就如他在〈將人最好嘅一面帶出蒞〉中的一段所寫：「屬靈生命的成長、品格的陶造，是在每個生活場景中，與上帝互動、對話而來。透過天國視點的介入，我們知道這個世界的權勢不是唯一和絕對；透過重讀上帝與祂子民互動的記述，我們看見眼前處境的對應，體會上帝的心腸，然後譜寫出我們自己與上帝交往的故事。每一個這樣的故事，都成為生命的養分，讓我們更肖似基督，更熱切委身天國，跟隨祂的腳蹤行。」書中所思所想，正是他經由聆聽許多生命故事而寫成，而他的文字也在幫助我們尋找自己的生命故事。

寫序的第二個理由，是由於自己的牧養經歷，尤其在宣講職事上的體會。很早就察覺宣講職事上的一個雷區，就是在宣講過程中，當觸及經文原意時，雖會為會眾帶來經文亮點，但卻同時大大地削減他們自行讀經的信心。因為，是宣講者告訴他們，除非認識原文，否則不能讀好《聖經》。為此，在釋經後，我會儘量尋找符合釋義取向的譯本，然後使用該譯本來幫助宣講，至少譯本是會眾能有信心駕馭使用的工具。

正因這緣故，非常欣喜柏堅近年的廣東話意譯嘗試，以最地道的語言來把經文信息呈現出來。這方面，英語世界以 *The Message* 為佼佼者。柏堅此書的五十二篇譯文，香港信徒讀起來也必有同樣的甘味，譯文用字抵死傳神之餘，也原味十足，就如上面引述的篇章，其中有如下譯文:「做人阿頭嘅，體諒一下你班同事，諗下你喺天上面都同樣有一個阿頭，做人要公平少少。畀心機祈多啲禱，諗下呢個上帝點樣有恩於你，唔好小心眼，要成日心心眼。」（歌羅西書 4:1-2）。講道時若能用上精彩到位的譯文，至少能改變會眾在崇拜讀經時就開始入睡的習慣，也會大大縮減經文和會眾的心理距離，為下一步的宣講鋪好橋，搭好路，事半而功倍了！

三十年的緊密同行，讓我能贏得一個位置，為柏堅的書如其人、所言如所是，作個忠實的見證。謝謝柏堅在這方面的努力，期待着另外五十二篇的出現。

自序

這本書的出現，我想起很多人、很多往事。

大概十年前某天，我讀到一段畢德生牧師（Eugene Peterson）用美國地道英語意譯的〈羅馬書〉經文，被他那抵死到肉的翻譯深深打動，於是抄出來轉貼上網。網友看見，大呼過癮之餘，也留言追問：有沒有中譯啊？

中譯？若純粹翻譯成白話書面語，畢德生最觸動人心的翻譯豈不失諸交臂？那天晚上，我反復咀嚼譯文的意思，然後直接用最常接觸的香港口語，翻譯了十多節經文，網友反應熱烈，更有語文底子比我好的朋友加入一起創作，修訂了好些句子。有些網友事後跟我說，他們有段時間也曾返過教會，雖然覺得信仰是好，但教會實在好惡頂，把道德八股捧到上天，也就漸漸疏遠了，而這段新譯的經文，彷彿上帝親自向他們說話，明白他們的委屈，很親切很直接也很安慰。

把信仰的語言，以日常語言重述，讓人感受到信仰的溫度，是我用廣東話意譯《聖經》的起點。

但譯經始終是大事。我不是學者，原文什麼我一概不懂，翻譯也非我的本業，心想，總有人比我更適合做這件事吧。於是自那段譯文後，我也沉寂了好一段日子，間中讀到有趣好玩的段落，就隨手翻譯兩段，貼在網上公諸同好。

後來有天晚上，幾位我在神學院教書時認識的學生，因為某科課業的要求，要做一本基督教雜誌出來，於是留言求救。一番討論後，我給他們轉載了一篇放在部落格的譯文；後來功課完成，我把這份雜誌捧在手上，翻了又翻，然後跟他們建議：「不如真的出版吧，我每期給你們供稿。」

如是者，我第一個定期用廣東話意譯《聖經》的欄位，就在《耶教能人》刊登了。

期間香港正經歷爭取雙普選的佔領運動，本土意識高漲，廣東話備受注視，不少網友更有意識地以粵文出帖，為粵語文化正名，追蹤粵語起源，爭論粵文正字，給我這個半桶水增進了不少知識和思考。

有些人以保育廣東話為旗號，但我常常覺得，人總要向前踏步才抵得住洪流滔滔，神氣充盈才有不動如山的安靜寧謐。如果真的擔心一種語言會「被消失」，就別以保育、捍衛的角度來思考，這是捱打的防守；倒要反過來，保持語言的創新活力，生生不息，什麼外來語也用自己的方式收為己用，用自己的風格去演繹地道用法，好東西自然受歡迎，有人中意就有市場，多人用就人強馬壯，那就不怕風邪入體，百毒不侵。所以每次見到阿塗的《圖解廣東話》上榜大賣的消息，總是笑逐顏開，既為朋友受歡迎而高興，也為更多人喜歡廣東話而開心。

是這樣的思考，支持我繼續譯經，也鼓勵人自己動手譯，寫出自己的譯文，四處廣傳，催生出更多廣東話的創作。

正如生命是被賜予的，本書的誕生也是一樣，要感謝很多人。

感謝《耶教能人》的編輯，不嫌我一頭花白，想到好玩的事就想起我，感謝你們的「長者事工」。感謝《時代論壇》的編輯，特別是邀稿的羅民威和追稿的胡文傑，感謝你們大膽邀請，不怕我事忙脫稿，而本書大部分的譯文初稿就是這樣儲回來的。感謝多年來在網上讀我文章的網友、鼓勵我結集成書的編輯同業，是你們的回應，讓我聽到的不止於自己的回聲，知道有人共鳴。感謝在神學院所遇見的每一位老師，是你們的言教身教，讓我知道在上帝、在《聖經》、在生命面前，要學懂謙卑。

感謝為本書賜序的孫寶玲牧師、Edwin Lo 和周力榮牧師。跟孫牧相識，是在他寫 Xanga 的年代，後來在某些場合相認，漸漸相熟起來。他和我們幾個男人，是火鍋排檔的飯友，教會現象、人情世事，飯桌之上無所不談，感謝他與我們為友。Edwin 是新相識，他和史兄、擇言、林非曾一起出版過以粵文撰寫的《香港語文——聽陳蕾士嘅秘密》，感謝他們在推動粵文上的努力。周牧則是我教會的牧者，同行三十年，接納我的少年輕狂，包容我的狂妄自大，和我一起面對人生的高低起跌，真誠面對塵世間的種種限制。

寫稿筆耕，是一個相當孤獨的過程，尤其在忙碌的日子，朋友都去放輕鬆的時候，自己卻要對着鍵盤，與文句搏鬥。感謝用各種方法鼓勵我堅持下去的朋友，用食物用娛樂用說話用歌單給我打氣，分擔我的壓力，也督促我不要分心。感謝香港中文大學崇基學院的牟路思怡圖書館、Paper & Coffee 餐廳，給我這個校友一個可以專心寫作的地方。最後最後，感謝本書編輯史曉晴和設計師西奈，感謝你們投身出版行業，感謝你們相信閱讀，感謝你們為這本書所作的一切。

願我們手所作的工，為上主所使用。

梁柏堅

2019 年 5 月 20 日

Part 1：時勢好惡

1-1

識時務者偽俊傑

講真話嘅人，成日畀人話搞串個 party，
神憎鬼厭。但佢哋有講錯咩？
你班友成日踩住窮人個頭食住上，
就連嘴角粒飯你都搶埋。
靚屋？有得起無得住；
靚酒？釀得出都無得飲。
你哋做過嘅嘢有幾衰，我全部都知！
抹黑老屈有大紫荊，睇唔過眼就拉上法庭；
醒目精英？一早投晒降啦。
唉，係嘅，人哋形勢比你強，
識時務者為俊傑吖嘛，搞乜鬼都嘥鬼氣。
不過個考驗正正係嘞——
形勢咁兇險，你都依然求善唔求惡，
最終，上帝就真係會同你喺埋一齊，
而呢條先至係你真正嘅生路。

〈阿摩司書〉5 章 10 至 14 節

到底，基督徒和一般人，有什麼分別？道德高尚一些？更大公無私？我們其實無謂自己欺騙自己。這個世界，有許

多熱心公益的人，其實沒有返教會；而教會信徒，卻又不時因為各種壞事惡行，登上報章新聞。這不是說上教會的不是好人，而是基督徒和道德情操之間的關係，並沒有我們想像中那麼理所當然。

如果真有那麼一點點分別，我想應和耶穌給我們打開的視野有關——天國近了。那位良善之主要來了，祂的國度要降臨了，你還倚賴國家權力的蔭庇嗎？你以為花碌碌的銀紙，不會一朝變成廢紙嗎？羣眾的掌聲和授權，難道不會一夜之間調轉槍頭嗎？施洗約翰、耶穌基督、《聖經》上的眾先知，邀請你向哪裏回轉呢？生命的根基要建立在什麼地方？

一直覺得，宣告「耶穌是主」，是一件很顛覆的事。

世界的權勢，無論是政治權力還是經濟財力，都要你承認它們才是世界的王者，要你相信你所得的溫飽和平安，都是出於當權者的祝福護佑，要你跪地臣服，要你不敢反抗哼聲，要你為奴為婢。

面對羅馬帝國奧古斯都（Augustus）的強勢，面對那被稱為終結戰亂動蕩的救主、那被稱為上帝兒子的地上君王、那舉國仰望的恩庇者，使徒保羅用同樣的稱謂，宣告耶穌才是配得被稱為主的那一位，這是何等的自信、膽量和氣魄？

不單保羅，歷世歷代的聖徒，都鼓勵我們不要屈服，要挺起胸膛，抬頭做人，把生命連於天國，與十字架上的耶穌同死，與復活的基督同活，跳出塵世的時間線，從永恆的視點回看今天的高牆。

而打開天國大門的鑰匙，全在於耶穌基督所展現的良善。當阿摩司說，「時勢真惡。你們要求善，不要求惡，就必存活」，我們看見一個天秤擺在面前，天秤的兩端，分別有來自天國的善和地上的惡，陳明生死與禍福，上承〈申命記〉的傳統，呼喚我們揀選生命。

揀選生命，不意味當下我們就能成為道德完美的聖人，或一生衣食無憂。我們仍然要面對凡塵俗世的跌跌碰碰、軟弱朽壞、死別生離；但我們從此有了不一樣的視點，相信世間有另一套真實，擺在眼前的艱難不是永恆，世上的權力不是絕對，黑暗絕望會有盡時。

當人能擺脫權力的枷鎖，不隨波逐流，不以世界行惡的方式積聚財富、加官晉爵，而能跟隨天國的良善，俯就卑微的人，行事公正無私，為無權無勢的人抵擋貪婪者的獠牙，拭乾傷心者的眼淚，天國就離我們不遠。

1-2

末世呀，未見過呀？

咪咁天真，菈緊嘅日子真係好艱難。個世界就快玩完嘅時候，啲人就會自己顧自己，見錢開眼，囂張呃like中二病，句句狠毒對人殘忍，當老竇老母無到，忘恩負義，害人害物，狗咬狗骨包拗頸，篤人背脊殺無赦，打細路唔會手軟，做好人連你都打埋。出得起錢邊個都可以出賣，香港地總之我大晒我玩晒，大飲大食就蒲頭，一講耶穌擰轉頭。上到台就懶虔誠，跟我一齊感謝主；返到後台流口水，禽獸不如現晒形。呢種人，遠遠睇見就要調頭走。

〈提摩太後書〉 3章1至5節

社會張力之大，有時實在叫人喘不過氣。在權勢面前、高壓之下，大至社會現場，小至家人相處，本來衣冠楚楚、和善可親的人，會忽然變得目露兇光，嚴詞厲色，人不像人，鬼不似鬼，身不由己。

所謂鬼上身、鬼迷心竅，不一定要用很泛靈論、超自然的角度理解。看着社會精英如何被奪去魂魄良心，如何自欺欺人砌辭狡辯，如何任讓惡念蔓延，你會明白邪惡在人心是如何操作，慾望與恐懼如何左右我們的抉擇。

慾望背後，是期望自己有所作為、名垂青史的野心，「功成不必在我」往往只是表面的自謙，實質是連道德光環也要賺盡的貪婪。

面對慾望經已不易，要頂得住恐懼就更加艱難。對事物感到危險而心生畏懼，是生命的一種本能，讓人能快速越過理性思考，即時避開正在臨近的危難。但當理性長期被恐懼逾越，恐懼就主宰了我們對事物的理解和反應，超出應有的範疇。

恐懼發生之處，不是跟自己說一句「別怕」就能勝過。恐懼往往連於我們的成長歷史，早在有意識之前就已被植入，深入生命的肌理，是我們存在的一部分，盤根錯節，欲斷難斷。

惡鬼無所不用其極，深謀遠慮，躲在吵鬧的小丑背後，運籌帷幄。慾望利誘牽繩，恐懼威逼拍打，我們以為自己的行動是自由自決，以為兩害取其輕就已在做好事，殊不知原來一直被設計操弄，一步一步被牽引到牢籠深處。

權勢帶來的重壓，尤如巨大的重力，超乎想像，連時間空間、道理是非也扭曲了，彷如黑洞，把一切都吸進去，光線也穿不過，什麼良善和意義也全都消失，只餘下渾沌虛空絕望。

「時窮節乃現」這句老話，今時今日讀起來，既讓人不勝唏噓，嗟歎連連，同時也深感時勢之惡的具體。在好景的時候，我們以為自己好文明，對罪惡的認識其實十分表面，來來去去也只懂說什麼做人要誠實、不要有淫念邪情，對人間世事指指點點，專挑自己不會犯的過錯、不會發生在自己身上的難關，大聲疾呼，企穩道德高地，誰知，那可能只是考驗未到。仍未跪低，只是時勢未達窮途，所現的氣節也就空洞乏力。

回想耶穌的大弟子彼得，也曾誇下海口向耶穌表忠，但危難一到就三次不認主。傳統教導，很多時都把焦點放在彼得的軟弱，可是當我們認真投入當時的處境，再想像今天那些威權統治的國度，假如我們身處其中，我們的反應，未必能比彼得表現得更鎮定。

見賢思齊，見不賢而內自省，或許我也在各種限制下，早成了散播惡念的棋子。主耶穌基督，開恩可憐我這個罪人。

1-3

羣魔亂舞嘅時候，你自己咪入埋魔道

天使繼續嗽講：「呢本書記載嘅預言，唔好封口唔同人講，唔好收埋喺櫃桶底。就快夠鐘大結局，畀心機，忍多陣。做衰嘢嘅就由得佢衰收尾，成個腦污糟邋遢嘅就由得佢繼續食屎；啱嘅嘢就堅持繼續做，keep 住企喺上帝嗰邊，唔好衰埋一份走錯隔籬。」

〈啟示錄〉22 章 10 至 11 節

面對世界的紛亂和黑暗，有時實在無語問蒼天。失去盼望，到底是失去了什麼？除了失去活下去的動力、失去對明天的期待，也是指失去等待上主再來的耐性。

基督何時再臨？天國哪一天才會實現？耶穌會不會不再回來？你看，義人受苦，惡人當道，囂張跋扈的人橫行無忌，有恃無恐，藐嘴藐舌妖言惑眾；溫純善良的人，常經憂患，被人藐視，有冤無路訴，瑟縮一角，這個世界仍是天父世界嗎？

心懷盼望，就是我知道我的救贖者活着，深信努力守着良善正道就好，期盼天國降臨，等候上主有一天為我主持公道。

世間做事的方法，回報快，功效大，為什麼我不學效他們？惡有惡報很爽，大快人心之事何樂而不為？對付惡人，為何不可以以其人之道還治其人之身？你打我一拳，我打斷你手腳；你恐嚇我，我恐嚇你全家，要他們吃吃教訓不好嗎？魔鬼交易的詭詐，就在於我們在對抗邪惡的時候，自己也成了邪惡，成了上帝要懲治的仇敵。不是說正在對抗的邪惡，忽然不再邪惡，正義和邪惡的角色互換了。不是這樣。真正的困難在我們變成五十步笑百步，變成周處除三害。

《世說新語》記載的周處除三害，取材自《晉書．周處傳》。故事講述周處年少時，自恃「好打得」，意氣風發，街坊鄰里左右迴避，個個都敢怒不敢言。為顯威風，周處拍心口說要為民除害，上山打虎，下水屠龍，與水中蛟龍搏鬥三日三夜，不見影蹤。當大家以為周處與蛟龍同歸於盡，正自慶祝之際，周處忽然現身，村民嚇得目瞪口呆。疲憊不堪、傷痕纍纍的身軀，與村民歡慶的原因，中間的落差成了最大的諷刺。

人皆有盲點。自我感覺若從沒有良好過，我們很難面對生活中的每一天；但如果每天只懂陶醉於自我感覺良好，以為自己的看法必對，行事一往無前，我們就是太過輕看惡念的詭詐。

上主是我們的照妖鏡。善惡交戰，不單看眼前的報應，不會為求獲勝而不擇手段；上主在乎良善光明的彰顯，在乎生命的相連，在乎界線秩序的重設，在乎眾生大地的復甦，一如創世故事的藍圖。

創世藍圖是整個世界的原意初衷，那不是一個物理學說的科學描述，而是上主藉着說明天地的來歷，表明對世界、人類、眾生的心意。大凡工程，因為各種現實的限制，施工時總會出現偏差，工程師在現場會因時制宜，想出解決的方法。但隨着工程繼續推進，起初的差異會變得愈來愈大，設計藍圖就能幫我們作出修訂，按着原初設計使工程重回正軌。

當社會經歷千百萬年的演變，制度和文化疊牀架屋，上主對世界原初的心意，在我們手中同樣會慢慢偏離。造物主已向我們交託治理全地的責任，期待我們以祂的心腸，善待萬物眾生，那裏沒有繑起雙手的事不關己，並應許、提醒我們，到了天國降臨之日，祂要報應那扭曲善惡、苦待眾生的惡者。

而問題是，我們這班受託的管家，到底有沒有按上主的心意而行？我們跟隨的，到底是天國之道，還是惡者之路？

1-4

一個人有兩個老闆，點跟？

一個人點會跟到兩個老闆？佢個心梗會偏埋一邊，時間畀咗一個就畀唔到另一個。成日掛住錢錢錢，咁物質，又點投入到上帝嘅心腸呢？所以我話你哋知，唔好淨係顧住碌 OpenRice，唔好成日掛住睇淘寶（牧師喺台上面講緊道呀，仲睇？亲～）。你食好嘢為咗咩？着靚衫又為咗咩？你裏面樣衰，食咩着咩又有咩分別？你呢個人係點，緊要過你食咗咩落肚、着咗咩喺身囉。

〈馬太福音〉6 章 24 至 25 節

每逢晚上十時許，一打開社交媒體，手機屏幕彷彿就傳來香味，一幀幀美食照片令人不禁飢腸咕咕。對於相機先食，雖然有些人很不以為然，但我並不抗拒。（朋友這時大概會忍不住嘲笑我：「你講咩唔抗拒，你根本就中意相機先食！」OKOK，係嘅係嘅。）

有些人拍攝這些美食照片，是為了炫耀，以證明自己有品味，you are what you eat，恰如用名牌貼在自己的身上，用身外物定義自己。社交網絡的用處，漸漸成為一個炫耀的平台，吃什麼美食、去哪裏旅行，誰人升了職、買新車、被求婚，應不應有都盡有，極盡虛榮之能事。而虛榮本身，雖說不上是美德，但也不是什麼道德上的錯事，只不過有時炫耀得太多，變得太自我中心，就有點太過。

虛榮往往是心態，容易讓人落入陷阱，漸漸不能自拔；而為了維持這種「美好生活」，有些人就開始成為金錢的奴隸。當人為了追求這些東西而卑躬屈膝，甘願放下做人底線，甚至傷害他人，任由物慾操控自己，那就本末倒置了。

道理是簡單的，但當這情況發生在自己身上，我們自然會諸多解釋，不想被人看穿看扁，要為慾望尋找正當的理由。飲飲食食，是一種維生需要；偶爾出走，也是對抗高壓的方法。由需要演化成慾望追求，是很人性的一回事；而人性軟弱，也是十分人之常情。

而權勢，最喜歡人之常情。

世界的權勢有自己的應許：只要跟隨我、擁護我、供奉我，我就給你權力、財富、地位；順我者昌，逆我者亡，投誠的人如何一帆風順，抗爭的人如何身敗名裂，見證人可多得如同霧霾，四面環繞。

即使看見權勢令生靈塗炭、民不聊生，我們啞忍，唯恐無飯開被斷糧，應許落空，害怕自己成了眼中釘。只要忘掉天國，向包裝成光明天使的魔鬼下拜，活命溫飽、權柄榮耀、能力保護，就能唾手可得，沒有難成的事；只要避談真相，賺盡光環的慈惠事業更可安全達致，一家便宜兩家着。

權勢，看準了人的弱點，看準了我們慾望無窮，茶餐想食，常餐又想食，左右逢迎，吃盡兩家茶禮。

打工仔舉凡跟過兩個老闆都好明白，每個老闆都性格不同。即使沒有爭權互鬥，夾在中間，也會因為大家標準不同，無論如何竭力迎合老闆的要求，最終都落得左右做人難，成為了磨心。

若然我們的生命，既想跟隨耶穌，但又放不下跟隨世界而來的華衣物慾，誰是你心中的主，難道可以騙得過上帝？駱駝穿針眼比財主進天國還容易，難道你沒聽過嗎？

現在人們流行講斷捨離，講極簡主義（minimalism），儼然是一種生活潮流。我不否定有些人是以崇高的理想來實踐這種減法生活，但我仍會問，減低物慾，是為了什麼？純粹為減而減？

幾十年前，蘇恩佩在《突破》雜誌引入簡樸生活的觀念，提倡「簡樸即自由」。在她眼裏，簡樸生活不是一種時尚流行，而是針對慾望的信心操練，讓我們重奪回應天國的自由。其中所謂信心，也不是抽象的玄思理念，而在乎我們在上帝懷中所建立的安全感，對上帝堅持公義憐憫的篤定，相信上帝最終要成就自己的義路。

信耶穌的人是披戴基督，把受苦的基督穿在身上，居易行簡；至於整天只顧披戴錦衣華冠的人相信什麼，你自己可以猜想一下。

要從塵世中分辨上主的面容，認出耶穌基督的身影，從最日常的生活選擇入手就可以了。

1-5

睇你威得幾耐

我會使到大國崛起。

佢哋又殘忍又貪心，去到邊搶到邊，

霸晒人哋嘅地方，炒起人哋嘅樓。

佢聲大夾惡，

屈得就屈，乜都依佢嘅法辦事。

佢要扑你，出手快過速龍；

一有着數，勁過餓狗搶屎。

熱錢倒水咁倒入菈，橫掃黃金地段，食硬你嘅靚地皮。

佢哋目標明確，不擇手段，要搶一定搶到手。

佢哋霸晒所有嘢，搞到個個都要做奴隸，

人多到數都數唔清。

你講主權咩？佢哋就同你講自古以來點點點；

你以為自己有法治保障咩？佢哋就步步進逼整冚你。

佢哋當正自己嘅權勢係神，

所到之處，渣都無得剩——好明顯，佢哋錯到離晒大譜。

〈哈巴谷書〉1 章 6 至 11 節

讀黃照達的漫畫「嘰嘰格格」，常常笑中有淚，不無感慨。

「各位手足，不如大家數下呢一年你嘅政績吖。」
「我 DQ 咗六個議員。」
「我送咗幾十個廢青去坐監。」
「我改咗香港嘅歷史。」
「我推高咗樓價 10%。」
「我消滅咗一個兩制。」
（2/7/2018，《明報》）

《蜘蛛俠》（*Spider-Man*）那句名言：「能力愈大，責任愈大」，應用在權力機關，是相通的。然而我們看見的，卻是權勢用能力權力剷除異己；鐵路工程一鑊泡，大陸那一套規矩大石壓死蟹，屈來屈去要人啞子吃黃蓮；負責監察的官員不斷為富商巨賈砌辭說項，工程豪擲千億眉頭不皺，紓困惠民的措施就左計右度，難為小市民每天都憂柴憂米，為求生存左支右絀。

教會過去以為，只要有多些基督徒高官、富商，有更強大的政經影響力，社會就會更好。然而「基督徒」三個字，貶值的速度快過阿根廷披索。達官貴人往往只是盡用宗教身分，大搞形象工程，拉攏選票，所行所是卻與宗教認信沾不了邊。神州都有個神字，差不多啦。耶穌？誰啊？能吃的嗎？

有時我們追求影響力，追求得有點熱過了頭。無論是個人抑或教會，總想用自己的一套改變世界。但這改變到底真如我們想像中那麼美好？我們生命的幽暗、愚昧、自視過高，會不會也隨着影響力的擴張，同時傷害更多受造眾生？更何況，基督徒所接觸的世界，很多時都是比較簡單。面對複雜多變的世情，我們實在有必要保持謙卑，聆聽每個處境的具體和艱難，懷大愛做小事情。

當有些政經勢力興起，四海來朝看似得天獨厚，以傳福音的快車來吸引你搭上，《聖經》總提醒我們要冷靜分辨，時刻保持批判距離。

這些權勢力量，終究只是墮落世界中的金碧輝煌；在大地上權傾天下，鐵蹄所踏之處所向披靡，也不過如大國迦勒底人的興起。即使祭出天國的旗號，但若然與天國價值相違逆的，終將歸於無有。

當耶穌基督突入凡塵俗世，打開我們的天國想像，讓我們瞥見永恆的光輝，世界的現實就失去它的絕對，就像暗室中的一道光線，改變了黑暗的唯一。

我們有了另一個參考點來觀照世界，同時給我們一份耐性，叫我們沉住氣，「睇你最終點同上帝交代」，相信今天自以為最大最惡的終會一鋪清袋，堅信上主會按祂的判斷收伏惡霸，堅持以善勝惡，在既濟未濟之間見證良善是如何可能，以恩慈點起今天盼望的油燈。

1-6

到底我睇咗啲乜？

聖靈已經講得好白，到後尾嘅時候，實有人唔會再信耶穌，跟咗啲古靈精怪嘅理論，擺到明想呃你。佢哋呃得人多，呃到連自己都呃埋，覺得只有自己嗰套至啱，結唔結婚又關佢事，食咩嘢又關佢事，總之乜都騎住你，咩嘢都要聽佢枝笛。喂，呢啲嘢係神創造㗎喎，係神畀我哋嘅禮物喎，乜有唔好嘅咩？恭恭敬敬講句多謝，按佢心意去領受，就同你求求祈祈搵個人上牀、是是但但倒碟飯落肚唔同啦，係咪？

〈提摩太前書〉4 章 1 至 5 節

今時今日，我們每天接收的資訊量，多得令人吃不消。雖然拿起書刊來讀的人少了，但從手機、電腦、社交平台，我們的閱讀量其實一點也不少，滿眼滿耳都是資訊。

正如搬遷打掃，日以繼夜執拾封箱，搬上搬落，腰骨手臂都禁不住疲疼；心靈接收資訊太多，也難免出現資訊疲勞，什麼也不想再聽，看見訊息就立即心煩，唯一的感受就是「心好累」。

尤其經歷過連場大規模的社會運動後，許多人都對網絡上的爭吵和資訊，感到極不耐煩，視線會自動跳線跳掣。最煩人的不是資訊量的多寡，而是那些資訊驟眼看起來都滿有道理，但全部擺在一起時就互相矛盾，公說公有理，婆說婆有理，同一件事總有南轅北轍的解釋。

那些圖文並茂的懶人包，沒錯是很方便易懂，讓人很快就能掌握事情的大概，但愈讀得多就愈是懷疑，到底那些經過大幅剪裁的簡化資訊，強調了什麼？跳過了什麼不說？在有限的篇幅作出選擇，背後是各種價值觀的考慮，在在反映發佈者對事態走向的期待。

理性層面的思考已經夠耗費心神，更不要說這些資訊常常穿插着冷嘲熱諷。情緒不斷被牽引拉扯，即使對事情的掌握不甚了了，也會跟着帖文一起破口大罵，立即畀嬲！

當一個主導我們日常交流對話的媒介日漸壯大，這媒介就會改變我們認識世界的方式和視點，甚或影響我們的個性、品格，人與人的關係也會產生微妙的轉變。當媒體科技發展到人人皆可以成為資訊生產者，價值紛陳是自然不過的事。

資訊不再被壟斷，本是一件好事，能防止專制獨裁的誕生；但與此同時，每一個解讀資訊、轉發資訊的人，背負了更大的責任，需要更多的知識作判斷。

日常生活如是，對上帝的認識和道理也當如是，辨識真理，是我們每一個人的責任，不能假手於人。

在互聯網已成生活日常的今天，解讀資訊，我們要有更多的自省，更真切地向自己提問：資訊更多，我們對人情世事有更多掌握嗎？是更立體抑或更有偏見？我們能更有智慧判斷善惡、衡量輕重嗎？我們更明白世界的真相、社會的狀況嗎？我們是聰明了，還是變得迷糊了？是更有行動的信心，抑或更多躲在背後食花生？

從事媒體工作多年，也曾教過幾個學期的媒介教育，但每當看見充滿情緒、偏見的留言，心裏難免有點灰心，不禁自問這些年來的工夫，到底是不是白做了？

然而偶爾看見一些讀者、昔日的學生，嘗試在這樣的亂世中，公開說理，甚至付諸行動，尋求社會的共善，這些點點滴滴所帶來的安慰，也足夠讓我再堅持多一會了。

1-7

都末世啦，你淨係掛住錢

你哋呢班大魚大肉嘅人，好快就會苦過弟弟，喊到聲都無。你哋攬住層樓以為執到寶，點知又縮水又鉛水，大維修變大圍標，搞到日日瞓唔安食唔樂。唉，都末世啦，你淨係掛住錢嘅？你信咩㗎？菲傭印傭幫你打點家務，天光做到天黑，紅日無得放，廁所有得瞓，你仲剋扣人哋份糧，佢哋匿埋喊到嗦嗦聲，上帝乜都聽到晒。出面連場硬仗，殺到劏豬噉聲，你哋就嘻嘻哈哈餐餐放題。嗰啲見到唔公義而出聲嘅人，都只係出句聲啫，你哋竟然使橫手做低佢，仲拍晒手笑佢抵死，你哋有無搞錯呀？

〈雅各書〉5 章 1 至 6 節

香港地，居大不易，樓價高物價貴，打工仔長期糧尾。午餐吃一頓頹飯，即使質素只達餬口填肚的水平，普普通通的一餐也盛惠半百以上。差不多的價錢，在台灣在日本，已叫人吃得感動流淚。

社會名流提議香港人去大陸買樓，坐高鐵返工，這是什麼思維？車資、精神、健康，難道沒有成本嗎？面對畸形社會，這已不是去不去旅行、去幾多次日本的問題了。

貧富懸殊底下，要賺取基本的生活開支已不容易，但這還不是最難。金錢所提供的溫飽，日復一日地建立我們對金錢的依賴，叫我們把安全感全都押注在如何積攢財富上；在搵食面前，尊嚴彷彿成了奢侈品。

當基本溫飽問題解決，安全感的範圍逐漸拾級而上，但以金錢作為解答的方向不變，只是把依賴程度增加，把溫飽的問題提升，化作身分、品味這些較內在的期望，由直接的飢餓轉為渴求被艷羨認可的慾望。

財富本身不是萬惡。讓錢用得其所，讓這些資源流動流通，幫助人活得有尊嚴，支撐有益於世道人心、萬物眾生的工作，我們才不會窮得只有錢。

當太過仰賴財富的力量，我們就以為金錢才是生命中的唯一絕對。財富的邏輯變得理所當然，人窮只因為懶，致富全因努力，跟社會制度向既得利益者傾斜無關。我們利用財富來滿足自己，利用財富來操控他人，要所有人也臣服在財富的偉力之下。

但財富終究只是塵世間的交易工具，如果世界終必朽壞，政經權勢會有終結的一天，鈔票將成廢紙，我們又會如何理解手中的財富？

曾去過一些嘉年華活動，入場時每人獲派一些代用券，可以用來玩遊戲或換取食物。當活動快將結束，而你手中的代用券還有許多，你會怎樣處置這些快要變成廢紙的代用券？會留住不用？吃不下也獨食？抑或會和其他人分享？

我們對世界的想像，會如實地反映在我們的行為和抉擇上。如果我們相信這個世界是唯一的真實，錢財當然無比重要。但如果我們相信上主的國度快將降臨，地上的嘉年華會快將轉場，那麼，上一場的代用券還留來幹什麼？如果這些代用券，能用來換取下一場的代用券，你又會怎麼選擇？

如果上主為了能讓我們與祂結連，連自己的愛子也可以捨棄，永恆天國到底重視什麼，難道我們一點概念也沒有嗎？到底我們要怎樣運用手上的金錢，才算得上與上主的捨棄稍稍相稱？又其實，我們所謂的捨棄，又怎可能真的比得上？只要一放上這個不平等的天秤，我們就知道，愈是比較，愈顯得我們骨子裏相當吝嗇；所謂相信上帝，只是半信半疑。

幸好，上主不嫌我們小信，知道並接納我們的軟弱，在曠野中派糧，供應不能留過夜的嗎哪，引導我們學習捨棄放下，給我們練習的機會，抵擋積攢財寶的誘惑，愛上帝所愛，學習與人分享，在天國栽種永存的愛，在愛中與上主相連。

1-8

醒少少，守到尾就贏㗎喇

我叫你哋出去，簡直係送羊入虎口；所以你哋要好似蛇咁醒目識得走位，好似白鴿咁溫馴唔好硬碰。你哋要醒少少；因為佢哋會捉晒你哋返去，當眾打鑊，暗角都慳番，打到爆缸唔夠皮，仲要拉去審餐飽，又勞改又精神虐待。上到庭，唔使預先諗住要講乜。到時候，你要講乜，自自然然就會講得出；因為你天父嘅靈會喺你心裏面，幫你我口講我心。到嗰時，兄弟會送兄弟去死，老竇會送仔女去死；仔女又會六親不認，批鬥老竇老母逼死佢哋；啲人一知道你係跟我耶穌嘅，就對住你黑口黑面藐嘴藐舌。忍住呀兄弟，邊個忍到尾邊個就贏。

〈馬太福音〉10 章 16 至 22 節

墮落世界，有權力的地方就有扭曲，惡人當道是常態。面對這種時局，你仍堅持不從惡人的道路，謹守做人的底線；即使被嘲笑不識時務，看着別人加官晉爵登上事業高峰，卻仍故我依然，不看人的情面，按道理審斷事情，以慈憐關心失喪。這樣的人，上主是喜聞樂見的。

道德的人身處不道德的社會，面對世間的幽暗，內心常有救世的夢想。只是有時，權力迷惑弔詭到一個地步，令人以為自己沒有被迷惑，以為自己真的厲害到能拯救一切，總覺得能做點什麼來扭轉大局，踏上勝利的舞台。

比起事不關己的麻木，大發熱心當然是好。然而，當內裏的熱情要轉化成行動，中間要思考判斷的東西就毫不簡單。

經歷過連場大型社會運動之後，許多人陷入不同程度的沉鬱之中，蠶絲吐盡，蠟炬成灰。絕大部分想帶來改變的人，他們最共通的經歷，就是不斷碰壁，做什麼也像杯水車薪，毫無寸進。

周遭的人看着你不斷失敗，留給你的只有一盆又一盆的冷水。主流價值觀本身已難以抵抗，冷嘲熱諷就更令人懷疑人生，夜闌人靜之際，不禁自忖過去所付出的犧牲，彷彿全無意義。

沒有振臂疾呼的逆轉勝，一切就變得沒有價值了嗎？我們是不是看得太多荷里活英雄電影，以為完場前必定會有完美結局？

沒錯，對基督教信仰來說，按上帝的應許，終末時的確會有令人振奮的結局，但我們也許搞錯了的是，這套戲到今天其實仍未劇終。有人在完場前已走完他們的一生，有人則看得不耐煩，選擇刷機，中途摸黑離場。

基督徒常把「靈巧像蛇，馴良像鴿子」掛在嘴邊，但表現出來卻總是靈巧有餘、馴良不足，有時既虛偽又蠱惑，有時既惡毒又愚妄。說到底，這是由於我們太輕看權勢的幽暗，太高估自己的良知，以為自己好醒目，其實已被權勢一眼看穿，成了那惡者的棋子，卻仍懵然不知。

祈求上主讓我們免於青史留名的誘惑，無論這名號是來自具體的權勢，還是民眾的圍爐。把我們的眼目定睛在上主的面容，好叫我們不忘，祂才是最終的主角，天國才是我們最後的家園。

一時三刻的挫敗不會扭轉歷史的走向，墮落世界的盡頭有新天新地的臨在，只求夾在其中的我們，在逆流中不失盼望，守住心中良善的種子，成為彼此打氣的見證、互相問候的慰藉，直到破土發芽的日子來臨。

1-9

打風節乃現

真心對人好，自己有着數；
黑心對人壞，睇住現眼報。
做嘢亂咁蒞，找數有阻滯；
工程做得好，即日可過數。
堅持做好事，人生有意義；
撈偏做壞事，慘死話咁易。
成日行蠱惑，耶和華最憎；
頂天又立地，耶和華至愛。
互相包庇嘅衰人，因住後尾嗰兩年；
齞身幫人唔計較，前人種樹後人享。
即使一表人才，無見識嘅話，
只係豬乸戴耳環。
好人希望發生嘅事，拍爛手掌大叫 bravo；
衰人想要嘅嘢，羣情洶湧想講粗口。
撒種盡情撒，收成就更多；
乜都計住晒，最後無渣拿。
甘心畀出去，愈畀會愈有；
你肯去幫人，人會幫番你。
打風時吊高蒞賣，人人就想吊高你蒞鬧；
唔會坐地起價，大家先會繼續幫襯你。
〈箴言〉11 章 17 至 24 節

颱風山竹肆虐，天文台罕有地提早很多天提醒市民，做足防風措施。果不其然，風暴雖因呂宋阻擋減弱，移動路線也稍稍偏離，但橫風橫雨帶來的衝擊，仍然打破紀錄。

每到緊急關頭，人的本性就自然流露，貪婪的心會變得理直氣壯。人不為己天誅地滅，連 iBanker 也要炒賣膠紙，交通寸斷也要急忙復工復市，被困孤城也要趕回公司，千方百計要扣你勤工獎。但與此同時，也有人義載乘客出市區，自發重鋪被沖散的臨海步道，幫年紀老邁的清潔工人推車上斜路。

過去教會公禱，時不時就遇上一項要為天氣禱告。我不是不相信上帝有覆海移山的能力，只是為什麼大能的上帝要為了我個人的喜好，干擾同是祂手所創造的世界？我又沒有全知的能力，怎知道我所祈求的天氣，能對其他人也帶來好處？又或，帶來了困難？當耶穌說，天父叫日頭照好人也照歹人，義人和不義的人也同得降雨，我們又怎能祈求日光專為某人而照，某人頭頂永遠堆着烏雲？

就像災難電影，急難的環境只是一個設定，不是主角；真正要看的，是人在各種危機中的抉擇。誠然，人的本性總想趨吉避凶，渴求更多快樂，更少痛苦。基督徒的禱告，總是祈求事事順遂，無災無難，彷彿要集天下的好運於一身；但真實的世界就是天氣不似預期，人算不如天算。

不是上帝聽不聽我的祈禱，不是上帝是否無視我的存在，重要的不是上帝有沒有因為我而改變這些外在設定，而是我在其中的抉擇——我有沒有看見別人也同樣陷入困境？有沒有與憂傷的人同行同哭？是否看見大家其實是坐在同一條船？資源不足時以什麼準則來決定優先次序？自保與犧牲，哪一邊才是我的選擇？

患難見真情，時窮節乃現。一句感恩，在順境時說出來是容易的，但在逆境時就很難說得出口，為別人付出也是一樣。外在環境會打破我們種種自我感覺良好的幻象，掀起我們的面紗，使我們看見真實的自己。

宗教操練要我們在逆境中學習感恩，許多人明明做不到，卻要裝模作樣，扭曲自己的感受和生命，為要顯出我們的虔誠，結果只剩下人不像人的虛偽。

一個人的氣節，最重要是真誠，最糟糕是偽裝；是就說是，不是就說不是，多言砌辭只顯出心中信念的虛浮。能從心底裏真誠地煥發人性的光輝，固然是好，但懊惱於未能做到，卻總比弄虛作假更為上主所接納。

1-10

你哋要收嗲，要知道邊個揸緊旗

你哋過菈，擘大眼睇清楚，
睇下上帝點樣擺平呢場硬仗，
點樣將據點逐一擊破，將所有武器打斷，
咩嘢衝鋒車水炮車裝甲車，都唔使旨意再開得番。
你哋要收嗲，要知道我上帝先至揸緊旗，
乜嘢國家政權都要睇我頭，所有人都要睇我頭。
全宇宙最疊馬嘅上帝企喺我哋嗰邊；
嗰個曾經救過我哋嘅上帝會照住我哋！

〈詩篇〉46 篇 8 至 11 節

在危急存亡之秋，人一躁，就有很多非理性舉動。有些人會不斷張口說話，內容重重複複，什麼也聽不進耳；也有些人會覺得一定要跟我的做法做點事，只有我的做法才是有用，其他人的做法不值一提，完全浪費時間。

焦躁的心態，其實不難明白；但焦躁本身，並不能幫我們解決問題，愈急就愈容易藥石亂投，死馬當作活馬醫，距離出路愈行愈遠。而更麻煩的是，我們以為世界的那一套，比上帝更有效、更直接，甚至更易掌握、更好操控，殊不知，在我們揮舞得勝旌旗的時候，往往帶來更大的傷害與遺禍。

華人教會退修時常常引用的金句「你們要休息」，好多人只取了「休息」二字的共鳴，卻沒有從上文下理去看。這句話本來是指，在兵荒馬亂之際要鳴金收兵，要看清楚真正的形勢。無論是個人的際遇、社會的命途，要看見上主才是解救我們的真正出路。

要忍得住焦慮而收手，一點也不簡單。特別是在水浸眼眉、兵荒馬亂的當下，危機是那麼的靠近，懸崖就在眼前，要把安全感假手於人，背後是要有怎樣的信任、多大的信心才做得到？是怎樣的關係、之前有過怎樣的經歷，你才建立出這份完全放手的倚靠？

基督徒的信仰，很多時都是安全至上，風險管理愈精準愈好，各種狀況都已預先盤算，甚至去到一個地步，連上帝要怎樣行事，都不出我們的預計之內，總有一個說法立即包底。面對不安，我們是太習慣運用有限的理性、高效的手段來快速迴避，以致我們不太懂得如何與那惴惴不安的心相處。

大學時曾到過新疆天山一帶旅行，其中一段路是要騎馬上山。在城市生活的人，平時很少機會能近距離接觸馬匹，騎馬的體驗於我實在新鮮，沒想到馬是那麼的高大，在馬背上看到的世界是如此遼闊。

從山腰的草地逐步登山，山路愈走愈窄，愈走愈是陡峭，極目一看，風光無限；可是當一低頭看看山路的模樣，即時嚇得手心冒汗，小路完全被寬闊的馬背遮擋住，而擱在馬肚上的小腿，更是懸空在懸崖峭壁之外，腦海即時閃過連人帶馬墮落深谷的景象，不禁一陣暈眩。

「馬兒為了自己的活命，也是會努力求生的，即使我再多想也幫不了什麼，那就走着瞧吧。」忽然回復過來的理性克服了恐懼，這是我第一次感受到信靠到底是什麼一回事。那是徘徊生死得失之間的抉擇；正是由於結局未能逆料，選擇成了一場冒險，決定相信什麼就多添了一份重量和實在。

無險可言的安全，不是上帝要給我們的平安。平安是風暴中的安穩，是在旋渦中的衝浪，不是訓練課程中的模擬遊戲。在具體的環境中，我們學習接受得失，學習面對焦慮，學習承受伴隨一生的苦果。

人生或許因此蒙上污點，白璧留瑕；卻也因此更明白上帝之恩，看到出路比我們所能想像到的更多，在傷口之上留下上主同行拯救的記號，成為後來者的先行足迹。

1-11

睇路呀，兄弟

有條路睇落好似幾掂，但你睇真啲——
條路落地獄㗎：
搵食啫，犯法呀？阻我搵食，係咪想死？
無賴講嘢，句句贏晒；賤嘴抽水，愈講愈衰。
喺人背後講是非，幾好朋友都有刺。
左鄰右里係惡人，衰嘢好易學鬼晒。
打晒眼色，邊有好嘢；做晒嘴形，實有蠱惑。
如果你係真醒目，唔揀呢條路，成世人公義正直，
到你老咗，你嗰頭白髮，就係上帝親自幫你加冕嘅王
冠喇。

〈箴言〉16 章 25 至 31 節

也不知是誰的小聰明，在擠迫的公共交通工具上，設計出關愛座這種做法。我當然不懷疑背後的善意，只是從推出至今，你一句「廢青」我一句「廢老」，關愛座帶來的爭端，好像從未平息過。

對有需要的人心懷惻隱，是公民教育的基本。有沒有需要，跟年紀沒有直接關係，而在乎我們眼裏有沒有其他

人，怎樣理解與人一起生活共處。

然而城市節奏日趨緊迫，彈丸之地塞滿人潮，追追趕趕，人心疲憊，很多人只祈求下一個過勞死、被社會遺棄的人不是自己。能爭到一個座位，閉目養神又好，煲劇打機也罷，可以稍稍舒緩放鬆，就為生存爭到一個空間，也沒有餘力去關心其他人了。

讓座這回事，重點不在於用制度來決定誰有資格坐下來，而在於我們如何判斷什麼應該優先、由誰來決定優次背後的價值、如何讓人與人的相處加添美善。即使真要用資格來說，有資格的人也不用聲大夾惡高高在上，用奉旨的心態享用制度的善意。

制度的設定，關乎從政者對公共社羣的想像和塑造；他們的喜好，往往受階級和個人經驗所影響，未能回應到普羅大眾的處境。

當決定公共運輸政策的，不用每天和市民大眾一起迫地鐵、搭巴士返工；決定公共醫療資源分配的，有直線可達的醫護服務；決定公營房屋政策的，有私樓豪宅自住，有後顧無憂的住屋房津；決定教育政策的，子女卻早已跳船，修讀國際課程為往外國升學鋪路，社會的制度又能怎樣照顧到草根黎民？尤其，在貧富懸殊「首屈一指」的香港？

從政者能先天下之憂而憂、後天下之樂而樂，鄰里之間能相互守望同舟共濟，固然是崇高的道德理想；但人性的自利傾向卻又那麼實在，即使從政者必須先經過道德審查，也難保他朝有日反轉豬肚。

美國當代哲學家羅爾斯（John Rawls）在談到資源分配如何能達致公平時提到，分配程序的設定，是要對地位最不利的人也是有利，例如分餅的人不可先取，要輪到最後一個才分到自己的一份。如果這個程序原則也能應用在今天制訂政策者的身上，大概社會的怨氣也能大大減少了吧？

有時，基督徒對公共見證的想像，是個人能做到道德完美，才算得上彰顯主名。但其實，如果真有完美道德這回事，又豈是我們這些凡夫俗子所能企及？

所謂見證天國，其實只是要向這個世界說一句，即使人人都覺得權勢是我們的依靠，以為人不為己就會天誅地滅，跟隨上帝的路又難行又不能發大財；但我仍然選擇以天國的事為念，與地位最不利的人同在，照顧上帝所關心的孤兒寡婦，與無權無勢者、被權勢抹黑的人站在一起。

這是分岔路口前的路標，在荒漠曠野路上累積下來的智慧，要叫一切在塵世中感到無所適從的人，能有一個可以靠倚避難的磐石高台，從小到老也不偏離，最終從上主手上接過榮耀的冠冕。

1-12

假傳聖旨，係咪想死

咪話我唔警告你，邊個聽完呢本書嘅預言，想加鹽加醋，加埋啲咩嘢愛國愛黨價值觀入去，咁中意加，上帝就將呢本書上面嘅災難加埋畀你；而如果有啲嘢，覺得唔啱聽，想話刪走佢，咁中意刪，上帝就會刪走埋你個名，等你無得入去佢嘅聖城，咩嘢好嘢都無你份。

〈啟示錄〉22 章 18 至 19 節

對統治者來說，那些不向世俗權力低頭、只向上主表忠的基督徒，從來都是眼中釘。他們像漆黑中睥睨世俗權力的明亮眼睛，即使一聲不發，都令當權者如坐針氈，坐立難安。

雖然好多基督徒，一聽到政治就立即彈開，把「不要和政權搞上」的政教分離，過度詮釋為「不要理會公共事務」，甚至自求多福，以保宗教平安。但正所謂「你不搞政治，政治來搞你」，對政權來說，舉凡沒有向權力下拜的、不能操控的，統統都是不穩定因素，即使今天你不發難，難保成為潛在危機，影響政權的千秋霸業。

英國作家歐威爾（George Orwell）在小說《一九八四》（*1984*）中，把專門竄改文獻來作政治宣傳的部門叫作真理部，實在曉有深意。

幾千年來，野心勃勃的統治者，總是千方百計、扭盡六壬，用盡方法攔阻人走向真理，走近上主。無論是威迫利誘、封口孤立、加鹽加醋、人格謀殺，甚或宣稱自己才是真理，只要能用得上的，政權都絕不手軟。

而在宗教典籍上加加減減，從意識型態層面，扭曲我們是非對錯的觀念，焦土即是平安，自由就是奴役，無知才是力量，政權是我們的拯救，財富是我們的安穩，奉承是我們的榮耀。久而久之，虛言就取代上帝，權力登上王位，逐步成為唯一的真理。

當一個組織、一個社會，任讓弄虛作假的文化蔓延，單純善良的人就會被耍弄得團團亂轉，在門面工夫上浪費人生；而奸惡詭詐的人就更肆無忌憚，藏污納垢，為所欲為，什麼骯髒邪惡的事也可以發生。

有時候，基督徒對誠實的了解，只是日常生活中不講大話的那種個人道德。的確，說謊不是誠實的人應做的事，但我們很容易就把重點轉到技術性的討論——為了善良的目的，說一個無傷大雅的謊言也是不准嗎？怎樣才算無傷大雅？半真半假可以嗎？也許，這種討論本身，正正也是一種令我們離問題核心愈走愈遠的謊言。

因為，問題不在於上帝會否為一個半個謊言而懲罰我們，而在於我們是否已經習慣活在謊言之中，不單自己以假面具示人，更以為全世界的人都不可信任，都和自己一樣戴了假面具，不再相信真誠的關係。家人是最親密的敵人，朋友隨時可以出賣，處處提防中伏。

有一次，我的編輯同事去到一所學校，跟學生做短訪，其中一位女生在同事耳邊跟她說：「Miss，你想聽真的還是想聽假的？」這句話給我們帶來莫大的震撼。這位女生十分聰明，她看透了我們這些大人的本相，知道這個社會很多東西都只注重門面工夫，信不過的人就給一些標準答案來打發掉就是，總之你好我好大家好。

一個不願意面對自己軟弱的人，是很難實事求是地悔改修正的。個人如是，社會也如是，於是虛偽的面具一個套一個，胡扯的謊言一個蓋一個。

上帝所求於人的，是關係的真誠真實，拒絕裝模作樣的神聖偽裝，讓人以最真實的一面在祂面前傾心吐意，在真誠的接納中被完全釋放，重現原初被造的樣子，享受活在真理中的自由。若不捉緊這一點，我們就比不認識上帝的人更可悲了。

1-13

無聖靈嘅話，邊有聖靈果子呀？

你哋依家跟嘅係邊個呀？耶穌吖嘛！以前嘅你，日日諗住食人隻車，乜都貪乜都想要，呢個你，已經同耶穌一齊釘喺十字架上面，死咗喋喇。既然我哋依家呢條命，都係聖靈畀嘅，噉我哋行事為人，就好應該跟番聖靈嗰一套，唔好停留喺頭腦上嘅知識，或者心裏面嘅感動。我哋做人，千祈唔好成日搶威呃 like，周圍撩起人把火，乜都攞蒞同人比。

〈加拉太書〉5 章 24 至 26 節

信仰，到底所為何事？從正路講，返教會當然是為了認識上帝，回應天國，跟隨耶穌，祈求真善美的實現；但極目所見，卻是異化扭曲，難分聖俗。有些人返教會，是為了社交圈子、社會地位；有些是為了孩子教養、升學加分；有些是為了療癒寂寞、填補空虛；有些是為了兜客傳銷、求財若渴。

沒有誰天生就是聖人，也沒有誰能終其一生也毫無瑕疵；但做不成聖人，也不等於要壞事做盡，端在乎我們有否持續向善的心。上帝接納罪人，是要呼喚人棄惡從善；祂那不計前嫌的恩典，是要讓人回到最初的起點，在基督耶穌裏，擁抱悔改求善的勇氣。然而，接納回轉與縱容包庇，往往只有一線之隔，分別就在於之後有沒有修正過來的行動。

人從外表，無法分辨內裏生命的真實，但怎樣的樹就長出怎樣的果子。無論教會開設了幾多主日學、查經班，有幾多平信徒修讀過晚間神學延伸課程，甚或手機中有幾多研經工具、聖經軟件、敬拜歌單，那些頭腦上的知識、牽動情緒的眼淚，都不如真誠真摯的回轉、俯就卑微的行動。從這些行動的果子，我們就能看出，這棵樹到底是種在恩典流動的溪水旁，抑或沉浸在烏煙瘴氣的慾望池；親嚐一口，就知道這些是聖靈果子，抑或是惡魔果實。

人外在的身分地位，對於認識一個人的真實生命，其實沒有多大的幫助。雖說「仗義每多屠狗輩，負心多是讀書人」，但你亦可以找到自私自利的草根小民，或者風高亮節的知識分子。

生命的修養修練，存乎對人對世界的一念仁愛。沒有行動的仁愛是空談，沒有仁愛的行動是虛偽，而行動就必須發生在具體場景之中。

儒家傳統，有所謂「修身、齊家、治國、平天下」，出自《禮記．大學》，與「格物、致知、誠意、正心」合組成三綱八目中的八目，強調內聖外王，從內而外，以治國經世為修身目標。然而，據說清末時期曾國藩所承襲的湖湘儒家傳統，則把外王於天下的經世實踐，視為修身的具體場景，強調邊做邊學，沒有獨立於處境之外的修身。

只懂在班房坐定定、太過循規蹈矩的成長課，很多時只能培養出「知識的巨人、行動的侏儒」。這樣的人，滿口屬靈知識，術語如數家珍，對別人行動的失誤諸多批判；但真要親身落場面對處境，要以信心面對前路的不安，在爾虞我詐的博奕中要作決定時，豪情壯語就忽然變得怯怯懦懦，崇高的理想變成雙重標準，內在生命的軟弱變得無法躲藏。

靈性生命的培育，在乎如何讓上帝藉聖靈與我們在各個人生處境中同行同在，在十字路口的每個抉擇與祂對話，觸摸上帝的性情，體會基督的心腸，討上主的喜悅。聖靈所結的果子，沒有一蹴即就，無法基因合成，只能在這樣與上帝同行的年月中汲取養分，顯現為仁愛、喜樂、和平、忍耐、恩慈、良善、信實、溫柔、節制，抵抗權慾的亂世。

1-14

神係我唯一嘅靠山

你哋日日夾計剷除異己，破壞社會根基都唔理，
就好似剪斷晒石屎牆嘅鋼筋噉，你哋究竟要害人害物
到幾時呢？
你哋表面上就話大和解，實質就笑裏藏刀，一個二個
DQ 晒。
神係我唯一嘅靠山，我就唔出聲，放長雙眼，等佢幫
我主持公道。
呢個世上，係佢至可以保得住我、救到我。
佢畀我有瓦遮頭，等我唔使有得震無得瞓。
佢唔單止救我，仲一直撐我；
我能夠抬番起頭重新做人，完完全全係因為佢，無第
二個。

〈詩篇〉62 篇 3 至 7 節

有段日子，人人都把「生於亂世，有種責任」掛在嘴邊，穿在身上。雖知道這句說話的意思，是鼓勵人要多作承擔，不要脫隊偏安，但有時心裏也不禁想，「好攰呀，好多責任呀，可唔可以唔好咁亂呀？」

當國家級宣傳機器全力發動，歪理連場，而你日日都要返工返學，身心俱疲，那些混亂的價值就一天一天入侵。外在的亂，逐漸變成內在的亂，對於是非曲直，開始變得麻木模糊，開始認同識人好過識字，開始覺得議會最重要是按鍵而並非議事，覺得夠票通過就不用花時間再作討論。

亂世的亂，其實是真理之亂；權勢一轉，風向一變，「真理」就飄移，要你相信什麼也由權勢說了算，定義我們在世界中的位置、存在的價值。

用磐石來形容上帝永不動搖，是很有意思。在中東沙漠地帶，風沙一起，地勢視野就會隨之改變；而磐石，就是在這些變動中不變的定位。除了方向定位，當遇到大風沙，什麼也被掩埋的時候，只要你見到前面有巨大的磐石，就一定會衝過去避風避難，靜待風暴消散。

上帝的永恆，把我們從一時一地的權勢中抽離，給我們一個時局以外的支撐點。有時，基督徒把「信耶穌得永生」說得太過離奇，在難以解釋的地方添加許多想像，在關鍵之處卻含糊過去。得永生的重點，不是我們立時變成永遠不死，刀槍不入；而在於我們因為與永恆上主相連，理解塵世事物的眼光不同了，知道權勢的氣焰不會永遠長存，我們的成就和財富也有終結的一天。

因着上帝的介入，我們對得失的考慮，超過了人一生的長短；我們認識到，在上帝的永恆裏，公平公正、尊嚴慈憐才是祂所看重。

當這個世界跟你說，做人要現實一點，什麼夢想，什麼公義，賺不到錢的不要做；無樓無學位，你的存在就是零，上帝的天國卻展示了另一幅圖畫，叫我們看看天上的飛鳥、野地的花朵，上帝尚且善待看顧，更何況是按上主形象被造、由祂來賦予生命意義和價值的我們？

跟隨耶穌、相信上帝的人，所要見證的，是天國的永恆才值得我們追求，讓那些一生追隨天國美善而被世俗現實嘲笑的人，因為這一份看得見的堅持，知道永恆的上主同樣欣賞他的堅持，知道自己並不孤單。

信耶穌，是要向全世界宣告，最後埋單結帳的，是上帝。上帝所重視的，才會永遠長存。那些在世上花掉我們一生所建立的事情——那些財富，那些成就，那些掌聲，那些勳章，那些功業，若不反映上主的性情，一切終歸無有，如同沙土上建房；那些為了上主而作的善行——那些犧牲，那些濟助，那些接待，那些公道說話，那些聆聽，那些同在，即使沒有得到世界的關注，都結結實實地在天國的聖山上累積，在上主的磐石上直指向永生。

Part 2：做人好難

2-1

後生唔係理由，咪畀人睇死

咩嘢對信仰先至重要，你要提佢哋，教下佢哋。雖然佢哋大過你、老過你，但咪畀佢哋睇死。身教好過言教，你講嘅嘢，做嘅嘢，你對人嘅愛心，對主嘅信心，你嘅清白正直，全部都教得到佢哋有餘。我就快返菈，唔等使嘅嘢咪做咁多，同佢哋讀多啲聖經，畀時間聽下佢哋嘅困難，教佢哋點樣去面對，就已經好夠。長老按手同你祈禱時嘅預言，你要好好記住，畀心機，專心做好佢，等佢哋見到你愈來愈靠得住。留心自己嘅行事為人、教導人嘅說話，唔好分心。你噉樣做，除咗救得到你，亦救到其他聽你教導嘅人。

〈提摩太前書〉4 章 11 至 16 節

跟很多中學時就返教會的人一樣，因為一句「不要叫人小看你年輕」，那時團契的團訓都選用了〈提摩太前書〉4 章 12 節。後來才知道，保羅跟徒弟提摩太說這番話的時候，這段師徒關係可能已有十多年，換句話說，如果提摩太十幾歲就開始事奉，他當時已大概三十上下吧？用已屆大叔之齡來自況十幾廿歲的青春，真是情何以堪。

年輕，是一個相對概念，褒有時，貶有時。褒的時候，年輕即是青春活力有創意；但貶的時候，年輕就是原罪，等同不成熟、不全面、英雄主義、理想主義，我食鹽多過你食米，大過你就永遠大過你，我講說話你就要聽。

提摩太面對的處境，是教會內有一些長輩，自恃有權有勢有地位，看扁他無權無勢地底泥。猶太人長幼有序，階級觀念重，跟華人文化很相似。保羅身為過來人，從逼迫教會的外人進而成為教會領袖，這些嘴臉當然遇過不少。就連口才了得的保羅，面對論資排輩的文化，都得連番自辯，更何況是提摩太？

然而更加關鍵、更值得討論的，不在於我們是否能反過來，壓過這班自覺高高在上的一羣；而在於我是否也必須要用同一套成功標準，來衡量一個人是否有價值、是否夠斤兩？當一個社會什麼都用階層出身、政治身分、經濟地位來定義一個人，我們是否只能跟着大隊走，用世界的那一套來做人？

四川成都秋雨聖約教會的王怡牧師，有次被一位傳道人質疑，指他身為牧師卻搞政治，關注六四民運。王怡反駁說，他眼裏看到的不是政治，而是殺戮的邪惡、靈魂的失喪、家屬的憂傷、福音的失落，並進一步指出當中的偶像崇拜：「那一切對政治懷着懼怕的人，對君王的權勢懷着超越了它應該被尊重的地位和程度而去懼怕它的人，實際上是拜政治的人，實際上才是真正以政治為偶像的人。」

一個人生來就有權有勢有地位，甚或比你早點出生，這不是他的錯。問題在於他是否利用這些權力來自肥，以權力來衡量一切，甚至藉此操控、誘惑、傷害、欺壓他人，不單自己相信，更要其他人也如此相信，使權力成為偶像。

保羅提醒提摩太，不要因為這些權力的影響既埋身又具體，就忘掉上帝真正看重的，是他對耶穌基督的全然委身；而那些生命的特質，亦早已反映在他的一言一行，以及他對人的愛心與真誠之上。

能拯救他的，不是教牧學博士學位，不是能歌善舞多才多藝，不是辯才了得說話動聽，不是輔導技巧隨傳隨到，而在於誰才是他的生命主宰——他效忠的到底是世界還是天國，待人接物如何反映上帝的美善，如何活現基督於人間。而這一點，不單是他的拯救，也是那些錯把權力當上帝的人的拯救。

2-2

淨係識金句，咪斷章取義囉

做慈善家好過做有錢佬；

畀人尊重好過銀行戶口多幾個零。

有錢佬同死窮鬼，咪又係神造嘅？有乜分別？

醒目仔，見到有唔妥會識得避；

死蠢呢，就瞌埋眼一頭舂埋去。

對住神仲識得驚、知道要恭恭敬敬嘅，

神自然會畀佢豐衣足食、有頭有面、長命百歲。

自以為是嘅人呢，唔識死，就梗係容易仆直，

唔想死嘅就當然要睇路。

呢啲嘢，一定要教班細嘅，

而如果唔教，佢哋就會一路仆直仆到老。

〈箴言〉22 章 1 至 6 節

有次到訪一間位於北美的基督教機構，席間談起他們的作品必定附上《聖經》金句。為什麼呢？主事的同工一臉無奈：「我們試過不加，但就收到支持者電話，說要停止奉獻給我們。」噢，好大的官威。

其實，《聖經》經文如果用在適當的時機和地方，是很有

力量的。重點不在於我們到底有沒有引用經文，而在於判斷什麼叫做適當、言行是否一致。

有些人覺得貼經文是一種見證，因為敢於在人前承認自己的信仰；也有些人只是希望別人覺得自己為人正派、做生意誠實、搞政治會配合基督徒選民議程……但行事為人到底有多像耶穌？真是你知我知個個都知。

有次在一間基督教中學，聽到台上的訓導主任引用〈箴言〉大談教育，但除了「教養孩童」四隻字之外，聽不出有什麼《聖經》基礎。台上分享的教育理想，切合社會規訓需要，符合家長想像，也不是什麼十惡不赦的壞事；只是要動用到《聖經》來為理據加持，就有點觸動了我的神經。

就是嘛，把「教養孩童」切割，硬生生套用在強調績效的現代教育系統，只是反映出我們更重視什麼而已；所得出的結果，自然也和上主那強調照顧老弱孤寡的心腸不同。

這麼多年來，因為信徒的斷章取義，上帝已經背過數也數不清的黑鑊，帶來幾許誤解。搞清楚《聖經》在說什麼，即使不說什麼基督徒責任，至少也是為了避免被人笑到面黃。

很感恩，拜科技進步所賜，即使只是廉價低階的智能電話，功能上已媲美一個小型圖書館，與《聖經》、信仰有關的免費資源更是多不勝數，問題只差在我們有沒有門路，以及怎樣運用。

聽過有些教會，為了會眾在主日崇拜時能專心聽道，不鼓勵人用手機的《聖經》App 來讀經。我明白人的確很容易分心，台上講道，台下拿着手機來打機、看淘寶、找餐廳，也不分年紀，幼兒少年青年成年中年老年，你有你講，我有我魂遊象外。只是，到底這是手機的錯，還是使用者的錯？

因為上幾代的家人好賭，媽媽常常引用爺爺的一句「名言」來教導我們如何約束心中的慾望：「要賭的話，鹹脆花生都可以用來賭（單雙）。」

難道收起賭具就不想賭錢嗎？難道收起手機就會專心嗎？雖然會有點幫助，但關鍵仍在人心的轉向。你的 App 在哪裏，你的心也在那裏，只要查看一下手機上各個程式的累積使用時間，就會輕易看見你平時的手機生活如何，《聖經》走到哪裏去。

正如生命能或善或惡，手機也差不多，你的用法決定了它的特質。如果你選擇用來讀《聖經》，有兩個 App 很值得推薦。一個是歷史悠久、由 YouVersion 製作的「The Bible」，可用的翻譯版本特別多，最適合用來對比不同譯本的差異，而其中 New English Translation（NET）譯本更備有大量翻譯筆記，十分清楚明白。另外一個則是由一班中國大陸基督徒製作的「微讀聖經」，他們和台灣著名的信望愛網站合作，不單提供以文言文譯成的深文理《和合本》，更提供原文字典，實在方便至極。

其實，手機的使用只是一個例子，反映我們日常生活的選擇。平時對上帝關心的事無興趣，孩童怎教養也不會肖似基督；手機只用來滿足吃喝玩樂，與天國關懷拉不上任何關係的話，那只是一道用來隨時偷偷出走的隨意門。

2-3

學勞動，學做人

同人好好相處，咪嚣張串嘴；同清潔阿姐做朋友，咪以為自己好巴閉。唔好報仇，諗下點先至係對大家最好。如果得（睇下你頂唔頂得住啦），就同人好好相處。唔好下下都話唔 fair，呢啲唔係你做嘅。「呢度我話事，」上帝噉話：「我會搞掂佢。」加上《聖經》都講過，「見你仇人肚餓，就買個飯畀佢食；見佢口渴，就畀水佢飲。你咁估你唔到，佢實周身唔聚財，唔知你搞邊科。」你係最好嘅，你知道嘛？個環境係衰㗎喇，你咪同佢衰埋一份；堅持做好事，唔好做壞人。

〈羅馬書〉12 章 16 至 21 節

大時大節可以放假，當然開心；但這城市有許多人，最忙碌的日子就是公眾假期，服務業、零售業就是這樣。他們有些人，是被困於生活逼人，手停口停，多賺一分就是一分，放假是一種可望而不可及的奢侈。

每到打風落雨、農曆新年，連鎖快餐店就最多人。但客人多員工少，有些等得不耐煩的客人會破口大罵，當着小孩面前粗口連珠。做清潔的，做連鎖快餐店的，做保安的，填補了城市的缺口，甚至成了城市焦躁情緒的出氣袋。是他們在假期中的付出，讓街道的垃圾沒有堆出鼠患，你我家中的廚房可以收爐幾天，出街玩也不用擔心家財盡失。

自懂事起一直家貧，從小滿腦子就想着怎樣早日打工賺錢。升中時對未來的想像是，我初中畢業就可能要出來打工，所以升中第一志願是一間工業中學，希望快點學門手藝去養活自己。

也不知是高估了困難還是低估了自己，我竟然從初中讀到高中一直考進了大學。因為成長圈子一直草根，中學同學的暑期工一般是去工廠，而我就做跟車搬運，出入油庫、地盤、後巷、工廠區，腳背曬出一個人字拖的白印；大學時除了兼職做補習，暑假就去賣太陽油，在日資百貨公司、便利店門口叫賣。

記得升大學前的某天，正值中午放飯時間，我在九龍某工業區街口路牌下，蹲在路邊等開車去食飯。低角度，最大的視覺衝擊是所有人都好高，好有壓迫感，然後不期然產生自卑感。我看着自己一身油污，不自覺地捲起身子，生怕弄污眼前行過的工廠小姐們那飄逸的裙擺。

那時未有自動櫃員機，到銀行提款是要簽名的。由於搬搬抬抬，肌肉操練過度，我開始拿不慣輕飄飄的筆桿，指頭的扭動漸漸不聽使喚，簽名總是太大力，這些細節，事非經過不知難。

在貧富懸殊的香港，不同階層之間的生活可以差天共地，晉惠帝「何不食肉糜」的感歎，每天以不同的方式重複。方式不同，處境各異，卻總是以「你為什麼不……」來開首。我們以為自己高人一等，其實是不想被人看扁；美其名是「我想幫你」，實質上是要顯出我高你低、我強你弱的施捨姿態。

也許因為太苦，也許因為自卑，草根階層也看不起自己，不想讓人看見自己的窮困，不想別人觸及自己的軟弱，努力掩藏自己的匱乏，然而不幸地，或是咆哮或是遮掩，這些動作，愈隱藏就愈是顯露。

能放下自己的階級身分，與低下階層平起平坐，簡單來說，就是放下各種聆聽之前的想當然，平等地做朋友，發現對方的好，發現彼此的互補。這種平等，不是來自什麼偉大的價值理念，而單單來自我們在上帝面前的體認——我們是按上帝的形象被造，不是以財富階級的品味來建構；我們存在的價值，是由上帝來賦予，不由世界權力來定義。

貧窮人的無權無勢是一面照妖鏡，我們到底屬於上帝抑或屬於世界，一照，就無所遁形。

2-4

新天新地，係咪好期待呢？

喂，兄弟，有樣嘢你咪唔記得睇漏眼：上帝睇時間係同我哋唔同嘅。你以為過咗一日，佢覺得已經成千年；你覺得成千年咩，對佢只係一日。有啲嘢上帝扑咗鎚話會有但未有，有人覺得佢係拖到無咗件事，實情唔係，佢只係畀空間你，等你收手改過自身，唔想有人到時無彎轉。（咪你囉，仲望……）嗰一日，會好似畀人老笠咁突然；到嗰日，砰一聲乜都無晒，一把火燒通頂，係呀，你嗰啲名成利就股票磚頭，無㗎喇。既然係噉，我哋應該點做人，點樣堅持企喺上帝嗰邊，點樣等到嗰一日呢？有方法嘅。因為到嗰日，乜鬼污煙瘴氣嘅嘢都會燒乾燒淨，毛都無一條，乜都無渣拿；你調番轉要點做呀？梗係要捉實上帝應承過你嘅嘢啦，即係嗰個又公平又公正嘅新天新地呀，係咪好期待呢？

〈彼得後書〉3 章 8 至 13 節

天國好像一把隨身的天秤，讓人有一個局外的支點，把塵世間種種難以判斷優次的東西，放上去秤一秤，然後就知道當中的價值，讓我們在紛亂的世界中安靜下來，評估眼前的事物是否值得我們把一生押上。

正如許多論者也說過，《聖經》對聖潔的理解，是可以應用在無法作道德判斷的物件之上。所謂分別為聖，並不是指要做一個擁有高尚道德的聖人，而是要在日常生活中記得，天國與世俗是有一條界線，跟隨上主的人要知道自己的位置，記得自己真正的國籍是上帝的天國。

所以分別為聖的重點在於「分別」二字，生命的聖潔在於讓生命從追求世俗的目標分別出來，轉向追隨上帝的心腸心意；安息日之為聖日是要有意識地把這一天從專注於世俗事務分別出來，轉向更在意上帝的同在。

然而人生在世，有時真的很矛盾。我們感激上帝厚賜百物，但為求百物我們很輕易就忘掉上帝。我們為到所得的才幹能力感恩，但又會跟隨世俗的一套來暗中較勁，爭認同搶優越，為自己的臉貼金，沾沾自喜。

你說這是詭辯嗎？我卻更想到，這只是人性的軟弱。

被人重視，誰不想？被人無視，誰能處之泰然？於是有時人就會四處挑起事端來刷存在感，做大事來叫人注視自己。你當我是浮誇吧，誇張只因我很怕，似木頭似石頭的話，得到注意嘛？無人注意，又怎向上帝交帳？

呀⋯⋯上帝期待我們要交的帳，是有幾多讚好、幾多瀏覽嗎？

我們說唯有主才是永恆不朽，但我們更喜歡手中所有。我們為必朽的東西增值，賦予神聖意義，說是榮耀主名，但其實，在天國的天秤上，這些事情即使披上神聖戰衣，也只不過是剎那光輝。主的名是要在與祂心腸一致的公義憐憫上才得以彰顯，其他的都只是雕刻偶像，煙雲過眼，祂必興旺，我必收爐。

世界進入終末，我們看見改朝換代的張力正在發生。因為看見即將來臨的是那位創天造地的永恆上帝，我們知道，即使舊有勢力依然實力雄厚，但最終掌權的，不是眼前的權勢，而是那萌芽中、如同芥菜種的天國。

信仰不是抽象的哲學思維，不是辯論上帝能否造出自己不能舉起的石頭，而在於是否相信上帝的國度終將來臨，是否相信創天造地的上帝會不惜一切來引導我們成為天國的一員，在塵世中見證上帝公義憐憫的可靠可信，安慰被權勢所傷害的萬物眾生。

2-5

錯咗唔緊要，最緊要睇路行返正

唔好見人窮就踩到佢上心口，
見佢唔識反抗就搶走佢啲嘢；
因為耶和華會幫佢出頭，
你攞晒佢啲嘢整死佢，耶和華就攞你條命畀返佢。
日日發脾氣嬲嬲豬嘅人，唔好同佢做朋友；
郁下上火句句爆粗嘅人，咪同佢行咁埋；
費事你學埋佢啲衰嘢，
自己衰埋一份。
無咁大個頭就咪戴咁大頂帽，
孭唔起嘅嘢就咪攬上身。
以前嘅人累積嘅嘢，梗有佢理由，
唔好隨便郁咗佢。
寧為雞口，莫為牛後，
識企梗要揀個好位企。

〈箴言〉22 章 22 至 29 節

小時候常以為自己得天獨厚。年少輕狂，總覺得自己想法新穎，簡直前無古人、後無來者。但當年歲漸長，看過讀過的東西漸多，就發現這些所謂「新」，只是由於我視野狹隘，讀書不夠多，才誤以為自己的想法真的那麼石破天驚。

人類不同的文明，都有自己的箴言雋語，是人在歷世歷代諸多失誤中學回來的教訓。學習進入歷史時空，理解前人的經驗，是一種智慧的學習，上承古人的人生體驗，把我們的生命和視野拉闊；同時也寄望自己今天的犯錯觸礁，可以成為後來者的借鏡。

在科網股暴升的日子，有幾年我曾做過開發互聯網應用的工作，與系統分析師、電子工程師共事。同一個應用，有些程式快如脫兔，有些則慢似蝸牛，我曾為此大惑不解，而同事簡單一句就給我點明了原委：「就像你計一條數，有人因為經驗夠，也聰明，一眼就看出關鍵，兩步就計完；有人要用十幾廿個步驟來計。有智慧抑或無智慧，這就是分別了。」

智慧無法照抄，口頭禪、念口簧、背答案，是只知其形不知其意，知其然不知其所以然。智慧，必須自己花時間思考沉澱，在練習中獲得，在經歷中想通。謙卑面對自己的過去，從各個十字路口的選擇中，認識自己的弱點，判斷何為良善，看見什麼是惡念，為自己和後代記下這寶貴的人生經驗，歷史的智慧才有機會得以累積。

人不會因為年事漸長，智慧就自動加添。相反，沒有反省的人，年紀愈大就愈是恃老賣老，恐怕長江後浪推前浪，怕被優秀的新一代超前趕過，怕被後輩看不起。

以史為鑑，其實不是用來吹噓自己有多偉大，或者利用過去的落後，炫耀今天的輝煌。那只是暴發戶的自傳，是把自己的倖存和幸運，看成是自己很有能力、很有才幹的故事。

這種回顧，不能幫助我們從歷史中學到什麼，反倒成了蒙蔽，使我們在同一位置上一再踏空失足。而《聖經》就記載了許多這樣一失足成千古恨的失敗經歷，記載社會領袖如何有負上帝所託，迷失在權位的爭奪；記載民眾如何自私自利、自己顧自己。可幸的是，這書也記載了上帝如何為自己的名，用盡各種方法，提醒我們做人不要太過分，回到天國的公義路。

人心會變，道路會改，道理會因人的失足軟弱而走岔，會因人的權力、慾望、恐懼而扭曲；但天國的公義，是有永恆上主拍心口作保證，從今時直到永遠。

所謂信仰，就是指相信這個保證，仰賴這個保證去過我們每天的生活，並以這保證去對待身邊每一個上主所愛的人，好讓我們每一個都能在幻變的世途中，發現前人所留下的路標，看清回家的方向。

2-6

齋吹唔做，北風一吹咪會散囉

我教過你嘅嘢，唔好當我老吹，真係要堅做。如果你堅做呢，就好似起樓打樁打得夠深，無長短樁，無豆腐渣，風吹雨打日曬雨淋都唔怕，噉做就真係醒目喇。但如果你聽聽埋埋，淨係掛住查經吹水，又原文又批判又歷史研究，但一問做過咩嘢就口啞啞無聲出，呢種人就好似隨便亂砌嘅防波堤、亂咁老吹嘅人工島，吹到天下無敵偉大無倫，點知搞兩搞就沖散晒，愈解釋就愈似狡辯，到真係刮北風打十號風球時，你話可唔可以頂得住？噉樣係咪蠢呢？

〈馬太福音〉7 章 24 至 27 節

隨着中國國力日增，全世界都留意這個歷史悠久的古國，將會怎樣改寫國際的秩序。要管理一間員工過百的公司已不容易，更何況是人口這麼多的國家？當一個國家的人口接近十四億，一年的國民生產總值也超過十二兆美元，這樣的龐然巨物，即使一個轉身，已可以帶來滔天巨浪。再加上文化大革命種下價值崩塌的禍根、山高皇帝遠的明爭暗鬥、貧富懸殊的權力傾斜，制度與文化的千瘡百孔，一想便頭痛。

馬克思主義中有所謂「從量變到質變」一說，用來描述變化的規律，初初的變化只是少量的，但當變化累積到一定程度，就帶來性質上的改變，然後新的改變開始累積，進入另一次質變的循環。

遠的不說，單單看放寬自由行和跨境投資的規定，初時也真的幫到香港從非典型肺炎疫症的消沉中反彈；但當中港往還愈趨頻繁，即使沒有政權的左右，人口龐大的中國也逐漸主導了變化的方向。

大量旅客把香港的大街小巷、鐵路交通擠得水洩不通；大小商場、邊境小城即時改裝，金行藥房林立，以旅客和水貨商人為財源保證；住宅成為辦理移居申請的便利投資，樓房成了大陸資金的投資工具，資產成為再抵押的借貸槓桿，樓價節節暴升，脫離了一般香港用家的購買能力。

一點一滴改變的，除了經濟環境，還有威權管治的文化。民主體制認為社會整體是屬於整體大眾的，所以要顧及每一個人的需要，強調聆聽與溝通，施政效率自然較慢；相反，威權管治強調長官意志，強調精英領導，民眾交出權力與自由，讓一小撮人先富起來，換取集體的榮景，憧憬有一天能滴漏到自己的口袋中。

不同體制，各有利弊，民主當然也不完美，不少惡事會利用民主制度的縫隙來暗渡陳倉，但以制衡權力的目標來說，這種體制比起威權管治，還是有可取之處。

再加上，從兩次世界大戰的歷史教訓看來，科技既然給了人類能毀滅全世界的力量，為了人類整體的福祉，限制權力去行使毀滅全地的力量，自然比速度效率更為根本和重要。

正所謂，身體最誠實，行動最實際。當中國以威權之勢迅速崛起，發展之快令全世界另眼相看，民族自尊以暴發戶之姿瞬間提升，香港有不少人其實寧願以科技方便為先，以商機搵食為重，民主什麼，只是中看不中用的裝飾，沒有經濟自由的話，什麼人權自由法治都只是空話。這些點點滴滴的轉變，正悄悄地改變了香港的面貌。

日常生活的選擇，是價值觀和世界觀最具體的演練場。當你口說這是天父世界，平時卻浪費食物，輕忽資源的消耗；當你說神愛世人，平時卻對人揶揄欺凌，惡言相向；當你高唱耶穌是主，平時卻不以上帝的眼光看世界，倒以世俗成就來定義生命的價值，狗眼看人低，這就反映出你的信念其實有多薄弱，而偏離、轉變、扭曲，就在日復一日的微調中逐漸發生。

2-7

做人唔好咁自大

你要睇下上帝係點做嘢。

佢整彎嘅，邊個可以拗番直呢？

順境當然開心；但做人嘅嘢，有順有逆，有開心有唔開心，將來嘅嘢你點知啫？

好人無好報，仲要無端端死鬼埋；壞人做衰嘢就做到風生水起，有車有樓長命百歲，個世界就係咁估佢唔到。就算你覺得啱嘅嘢，都唔好做得太盡，唔好懶醒衝出菈威，你估你真係叻晒咩？做咗衰嘢亦要知衰，做人唔好太過分，你想死唔通阻到你咩？你又唔係神，邊有十全十美呢？總係有好有唔好。知道自己嘅限制，企啱位，自然就會事事順利㗎喇。

〈傳道書〉7 章 13 至 18 節

命途多舛，撞得板多，自然就學乖，學懂走位，學會自處。但人生不是預先規劃好的課程，當你以為自己已經學得夠多，新的難題總在意想不到的地方要你學習更多，提醒你學海無涯，要你正視自己的渺小。

有些人常常以為自己什麼也懂，什麼也評論一番，在互聯網的時代尤其如此。我以前也是這樣，寫過許多指指點點的文章，今天回看，不少也看得令人汗顏，羞愧得無地自容。

我那時，以為自己對人情世事好明白，很能聽見別人內心的掙扎，甚至真能夠做點什麼去幫人離開困境，現在看來是什麼都不明白。那些豪氣，那些基督徒口中最常出現的口號壯語，之所以豪得起，大概也是因為不知天之高、地之厚，自以為得天獨厚。

或許因為於心不忍，或許因為信念受到衝擊，或許因為觸及我們自己的痛處，或許純粹因為無以名狀的不安，旁觀他人的苦難時，我們會急於說些什麼，以安慰、幫助受苦者之名來否定對方的狀況。

經歷過力不能勝的困境，被許多人的善意勸勉淹沒過，才開始稍稍明白，那些自信滿滿的「幫你」，有時仿如擾人的牛虻。有時，緘默與守候，不用做什麼，那份安靜的陪伴，反倒更顯出溫柔和適切。在言語過盛的年代，要學習說僅僅足夠的話。

傅士德（Richard Foster）在《返璞歸自由：複雜世代中的和諧》(*Freedom of Simplicity: Finding Harmony in a Complex World*) 曾說過：「許多時我們懸河瀉水似的說出許多話，目的都是要糾正別人。我們太想別人附和自己的想法，太想別人從我們的角度看事物。我們評價別人，論斷別人，譴責別人，用言語吞噬別人。」

有時，我們不單想別人肯定自己，甚至會出口術，要上帝也認同我們的觀點，把我們一時一地的一孔之見，說成是永恆上主的天國真理。人，有時自大到真的難以想像。

基督教信仰強調人要敬畏上主。敬畏是什麼呢？一方面說上帝是愛，愛裏沒有懼怕；但又說人要驚要敬畏，豈不矛盾？所謂敬畏，我想，主要是在說人神有別，要把上帝當作上帝，不要以為自己好醒，自以為明白一切，以為自己有能力操控一切。

承認造物主與萬物之間有界線，是承認我們沒有擁有真理，知道我們能力和視野上皆有限制，看見我們不過是塵土，不曉得自己的所作所為、一言一行，到底為遠在天邊的蒼生萬物、近在咫尺的右里左鄰，帶來何等大的傷害，也不知道上帝是怎樣用祂的大能大力，把我們微小的奉獻，轉化成何等樣的祝福和盼望。

敬畏耶和華是知識的開端，祈求上主幫助我們，在祂與祂的創造面前學懂謙卑，放下自恃，仰賴祂為我們的有限包底，成就祂惠澤萬民的旨意。

2-8

你好叻咩？以為自己上帝呀？

有時要撕開，有時要縫埋。

有時唔出聲，有時要講嘢。

有時勁中意，有時嬲嬲豬。

有時打餐飽，有時會傾偈。

噉樣睇菈，做同唔做，最後有咩分別呢？你估你真係咁有影響力呀？上帝只係畀啲嘢我哋忙下做下咋。佢呢，會喺佢嘅時間搞掂晒，執番靚成個 look。至於係點執，sorry 喎，上帝無打算話你知，你唔使諗住扮上帝。所以呢，做人嘅嘢，最好係開開心心飲得食得，做完嘢辛苦完一輪，望番轉頭覺得滿足，噉係咪正先？有咩好得過噉？呢啲，咪就係上帝送畀我哋嘅禮物囉。

〈傳道書〉3 章 7 至 11 節

基督徒總想為主做大事，日日幻想幾時可以得獎上台感謝主，豎立雄偉地標好叫萬人仰望，做好事不能藏在暗地，沒有報道就是白做……這是什麼的思維？耶穌的教導？抑或是商業社會運作的邏輯？

我們崇尚競爭，就連和信仰有關的事也成為競爭手段——在謙卑人之中，我最謙卑；在跟隨主的人中，我最明白主的旨意。當連事奉主都成了競爭，該隱就會殺掉亞伯，罪就伏在我們的門前；那壓毀我們的，不是事奉的擔子，而是我們力求爭寵的萬丈雄心。

早陣子，做研究調查的同事，為了解香港青少年生活壓力的情況，做了許多街頭訪問，收集了千多位十來廿歲青年朋友的意見和狀況。其中一個發現是，真正影響青年人精神健康的，不是休息時間不夠，而在於社會對休息的罪咎、焦慮、負評，覺得休息就是無所作為，於是強調「休息是為了走更遠的路」、「寓教育於娛樂」，為休息娛樂賦予太多「積極」意義，使有休息等於無休息，娛樂不是為了娛樂，休息不成休息，壓力無從消減，最終不斷累積的壓力就爆煲了。

為什麼會這樣呢？大概，我們是被社會的競爭文化影響太深，唯恐被世界淘汰，不能浪費一分一秒，對人生勝利組的成功方程式太過言聽計從，於是不斷尋找可以讓自己、讓下一代出人頭地的方法，贏在起跑線，成功一條龍。

可惜的是，本來強調分別為聖的教會，似乎也完全吸納了這種競爭文化。把個別例子普遍化，變成成功通則，不單符合商業社會對卓越的追求，也暗合基督徒對成為成功人士的想像。能吸睛吸客，製造傳福音的機會，以最有效率的方法完成上帝的大使命，難道有問題嗎？

如果信仰是一盤傳銷生意，這樣做當然無可厚非；可是，教會是不是一間工廠？信耶穌、傳福音到底所為何事？豈不是要向這世界宣告一個讓人可從罪惡綑綁中得釋放的新天新地？當教會以恩賜配搭、信仰整合、事奉果效之名，大手吸納世俗文化，主客互換，不分莊閒，把分別為聖置諸腦後，我們就淪為一起把世界推向懸崖的幫兇。

這樣說，不是要把信徒為主運用才幹和恩賜的努力抹掉。我們永遠不知道上帝的底牌，有用沒用不由我們評斷；當中對永恆天國的忠信，上主是看在眼內的。所以我們不要高估自己的能力，也不要輕看口袋中的兩塊小錢，上帝做事不由我們管轄，所求的只是我們忠心的擺上，天國的奧秘是要我們學習謙卑。

學習謙卑，是要看見我們自己的有限，不單防止我們自大得以為上帝也不過爾爾，要仰賴我們的供物和香火；更是要我們看見上主超乎想像，在似乎是必死的困境中，不在意自己有多少資源和能耐，不失對天國的信心和盼望。

2-9

耶穌返菈嘅時候，你會喺邊度呢？

你哋喺呢個世界受苦，正好證明你哋真係為主而活，無花無假，對得住天國。耶穌帶住成隊人馬返緊菈，嗰啲搞到你哋雞毛鴨血嘅人，上帝會還返個公道畀你哋，要佢哋受下，等你哋唞下。至於嗰啲當耶穌無到，唔聽耶穌枝笛嘅，就無得留低，永遠都唔使旨意再見到耶穌；而嗰啲等咗耶穌好耐嘅呢，到時就爽咯，又叫又跳，拍爛手掌，開心到暈！（係呀，有你哋份㗎，因為你哋真心相信我哋所講嘅嘢囉。）所以，我哋成日為你哋祈禱，求主畀力量你哋，成全你哋立志行善嘅心願、憑信心所做嘅工作，等你哋對得住所領受嘅召命，靠住耶穌基督嘅幫助，畀上帝以你哋為榮，而你哋都以上帝為榮。

〈帖撒羅尼迦後書〉1 章 5 至 12 節

召命，在教會圈子是流行用語，人人掛在嘴邊，卻往往成了個人夢想的代名詞，一個有信仰加持的術語。呼召是上帝主動的行動，而我們是被動領受的一方。所以追求召命，最重要的，是分辨出呼召我們的那位是誰、跟我們說了些什麼。

「上帝今日感動我要做這事」、「我知道呢間公司一定請我，因為是上帝呼召我去申請這份工，我未申請時祂已經賜給我了」、「聖靈跟我說出門口時要左轉，就真的遇到一個服侍的機會了」、「耶穌今早和我講早晨」，諸如此類的分享，在教會時有所聞。

這些屬靈經驗，畢竟非常私密，旁人難以驗證或否證，一般我只抱着存而不論的心態去聆聽。當我們說上主比我們大，是獨行奇事的上帝，如果我們真的這樣認信，人又怎能用自己的認知去限制祂的作為呢？但這樣說，是否就只能「不要問，只要信（我）」？我說 OK 就 OK ？

召命，是一個老掉牙的傳統大題目。正如一人有一個夢想，基督徒很多時也是一人有一個耶穌。如果只是重點不同那還好，有時遇着某些「領受」，與《聖經》描述的耶穌相差十萬八千里，那才真叫耶穌情何以堪。於是有些人發明了一些給自己填寫的問卷，用來檢視自己的召命，到底和才幹是否相稱，與個性是否相配合，有沒有信仰羣體的印證，諸如此類，和中學生做的求職擇業評估表、職志配對表很相似。雖然召命和職業都可對譯成 vocation，但基督徒講召命，更多是關於如何跟隨耶穌的腳蹤吧？

說到底，這還是跟我們有多認識耶穌基督有關。如果我們只是返返教會道聽途說，不知道耶穌是如何與社會的邊緣人同在，如何為滿身標籤的罪人捨身，我們又怎知道這呼召真是出於耶穌呢？如果我們的《聖經》已經封塵，手機上的聖經 App 因為開得太少已被封存，我們又如何理解上帝怎樣透過耶穌基督啟示自己的心腸和心意？沒有朝夕的相處共對，羊羣又怎能認出牧羊人的聲音？

Vocation 的拉丁文語源，是由「聲音」與「召喚」組成。當這個世界有太多聲音，不斷召喚我們跟隨世界的權勢，應許我們名成利就，懲罰我們擇善固執，模糊我們行事的焦點，當務之急，不是陶醉於被需要時的實在感，而是辨明聲音的來源，好讓我們不致迷失，得以在世界的終站與天國之主擁抱，而不是在半路中途聽信了路上的雜音，偏離了上主的義路，墮下萬丈深淵。

耶穌基督的十字架，是這條道路的坐標，背後是一連串的掙扎與順服、犧牲與成全。在世界看來，這不是一條討人喜愛的道路，然而，這條道路卻是通往天國的道路，有耶穌早我們一步踏上，有聖靈提點我們的腳步，有上帝為我們打點補足路上一切所需。

2-10

唔使驚，係愛呀

神就係愛。生命裏面有愛，神就住喺佢裏面，佢裏面就有神嘅生命。噉樣即使去到終極審判，我哋都唔使驚，因為我哋喺世上嘅生命係同基督一樣㗎。有愛就唔使驚。當愛塞到滿一滿，仲邊度有位驚呢？你會驚，即係你裏面嘅愛唔滿；你驚，係驚到時會受懲罰。我哋有愛，係因為神先愛我哋。如果有人話「我愛神」，但恨佢嘅弟兄姊妹，佢就係講大話；睇得見嘅弟兄姊妹都唔愛，又點愛睇唔見嘅神呢？所以基督好鄭重噉吩咐過我哋：愛神，就一定要愛埋人。

〈約翰一書〉4 章 16 下至 21 節

雖然古希臘哲學家赫拉克利特（Heraclitus）曾說，人不能踏進同一條河兩次，因為再踏之時河流已和先前有所不同；但阿寶在《機動戰士 Z 高達》所說的「人類總要重複同樣的錯誤」，卻也同樣真實，小至個人，大至社會，人性就是人性，同一個陷阱總是一踩再踩，對人的傷害總是一次又一次。

應承過不再重犯，轉頭又再衰一次，帶着這樣的人生經歷，有時實在很難面對自己，亦很難面對上帝。魔鬼的日常工作，就是看準這些缺口，乘虛而入，挑撥離間。作為謊言之父，牠最大的謊言是：「你照照鏡，看看自己的衰樣，怎樣？衰到這個程度，自己都很難接受吧，對不對？連你自己都接受不到，更何況上帝？上帝不愛你了，走吧。」

幸好，上帝不是我們；我們的愛不足，但上帝的愛卻是完全，祂本身就是愛。

對於完全的愛，我們經驗不多，更多經驗到的是愛的傷害。我們在世所經歷的傷痛，很多都源自於愛的落空。即使不是有意傷害，但因為人世間種種限制，我們付出的愛往往殘缺而乏力，對所承諾的愛於心有愧。另一方面，我們對愛的期待，有時仿如黑洞，只恐怕不再遇上，抓着水草當水泡，吸光別人的善意，不自覺地情緒勒索，拖垮別人的生命。

強調愛，有些人會立即語重心長，提醒人不要濫用恩典。這當然是對的，因為濫用恩典的背後，是行詭詐、耍無賴，利用別人的良善，操控對方的反應。套用在上帝身上，這無異於把自己置身上帝之上，對上帝的恩惠予取予攜，藐視上帝的慷慨。

然而，對上帝完全的愛，作出這樣條件反射式的反彈，沒有討論只有口號，最終會帶來什麼效果？大概，我們對上帝的愛的認識只流於皮毛，不敢相信上帝這份愛的完全；在我們也接納不到自己時，不敢相信上帝會再次擁抱，不敢相信在上帝的愛中能找到出路，然後用自己的方法，把問題推到更深的絕路。

完全，是一個抽象概念，有點像「全能」這一類概念，可以延伸成哲學討論，然後在悖論中被證明其語意含混不清，在思辯中被分拆消解。但上帝的愛真的那麼抽象嗎？

如果說，耶穌基督是上帝的啟示，我們可以透過耶穌的言行，明白上帝的心意，那麼當中最重要的信息，我想就是這份完全的愛——當以色列民族經歷過與上帝立約的親密，然後一次又一次的偏行己路，忘記出埃及時的拯救與恩惠，投靠以異教為基礎的異族政權，繼而內部腐化分裂，在亂世中自肥自保，終至北國以色列首先覆亡，南國猶大緊隨其後。國民被擄，地方住民被清洗換血，成為帝國的附庸。

然而，上帝對這班悖逆之民不離不棄，在民族中不斷興起先知，呼喚民族回轉，只是忠言永遠逆耳，先知在本族本鄉總是被輕忽無視，猶如過街老鼠。及至耶穌基督來到，活現天國的教導，顯明上帝獨生兒子的身分，呼喚人悔改，與上主重新立約，卻被民眾、宗教領袖等推上政治審判的十字架，而耶穌的回應是：「父啊！赦免他們；因為他們所做的，他們不曉得。」

《聖經》並不是哲學論述，所記載的，是一個民族與上帝之間的互動，讓你我看見這位上帝的性情，顯明祂那完全的愛。當看見一個民族如此悖逆，上帝仍然信守承諾，不惜以自己愛子的犧牲來引導他們回轉，我們就明白，上帝的愛，同樣會越過我們的過犯，引領我們回家，打開通往天國的道路。

2-11

做人衰成噉，點搞呀？

乜你以為自己真係可以對人指指點點，企喺道德高地咩？諗真啲吖，每次當你話人嘅時候，你其實咪又係噉？乜你以為係噉話人哋，就無人留意到你啲衰嘢咩？呢一招轉移視線，明眼人一眼就睇穿啦。或者有人真係畀你老點到，但上帝唔會喎，就算你扭波扭到細啃朗拿甸奴咁叻，又點會呃到佢呢？你唔係以為真係得呀嘛？又抑或你以為，上帝噉好人，實會放過你？係，上帝係好好嘅，但佢唔係咩規矩都無囉，佢只係畀個機會你改過自身、重新做人啫。如果你仍然死性不改，明知自己激嬲緊上帝都唔理，到時罰起上蒞，你就大鑊喇。你做埋咁多衰嘢，報應一定唔會細囉。

〈羅馬書〉2 章 1 至 6 節

或許好多人都有同感，就是父母對子女罵得最兇的地方，通常來自自己的弱點，就是那最不為人知的幽暗，那個最無法接納的自己。而命運就是，當子女漸漸長大，成了別人的父母，他們小時候最痛恨父母的那些行為習性、罵人的說話，不知怎的，往往竟以相似或相反的方式，施加在自己子女的身上，輪迴再生，重蹈覆轍，仿如怨咒。

人心的黑暗，自己最清楚，也最不想面對。激烈的情緒，通常源自我們內心的脆弱；攻擊別人，其實是以攻為守，藉以阻擋別人去觸及，我們那愈來愈大、愈來愈黑暗的禁區。

世界不是天堂，殘酷的現實使我們跌跌碰碰，一路走來，滿身傷痕。即使表面上最幸福的家庭，父慈子孝，兄友弟恭，順風順水，家宅太平，卻也因此難以理解世途的險峻，同理心大打折扣，帶來與人相處時的困擾，在幸福最深之處迷失。而社會上亦有一些很有意思的人，他們的童年充滿眼淚，卻在成長的廢墟中重生，立志幫助那些與自己不幸經歷相似的人。

生命的轉向，往往在一念之間，那些成長背景只是生命的前設，結局到底如何，到底是指向天堂抑或指向地獄，並不是一條簡單的加減算式就能演算出來。光明與黑暗，同樣真實地存在於我們的生命之中。

《聖經》〈創世記〉的創世敘事，不是一個對世界由來的科學描述，反而更像一個口耳相傳、反映族羣價值觀和世界觀的民族起源故事，由黑暗與光明、混沌與秩序、虛空與豐盈的對揚所組成。當中黑暗、混沌與虛空並沒有在創造中被取消，而是在界限中被重新定義，重置在讓人休息的晚上、孕育生命的大海，以及讓飛鳥自由翱翔的天空中，讓毀滅的力量轉化成生生不息的創造力量。

在教會成長，有時是太過強調非黑即白的價值觀，以為自己掌握了絕對的是非對錯觀念，一提出疑問就被訓斥為相對主義。當然，是非對錯不會因習非成是而改變，也不應因權勢的施壓而動搖；但我們實在要承認，我們不是上帝，沒有掌握所有事情的實相，也不能窮盡事情往後發展的所有可能方向。當下的光明與黑暗、公義與邪惡，既可以帶來災難，也可以化成祝福，所謂交到上帝的手裏，就是要在永恆上主的視野中，面對光明與黑暗的並存。

當我們認識到光暗並存的事實，我們對自己的生命會多一份寬容，對別人的犯錯也會多一點體諒，留一個空間讓上帝動工，以我們所不知道的方法，引導人走永生的義路。

2-12

將人最好嘅一面帶出蒞

做人阿頭嘅，體諒一下你班同事，諗下你喺天上面都同樣有一個阿頭，做人要公平少少。畀心機祈多啲禱，諗下呢個上帝點樣有恩於你，唔好小心眼，要成日心心眼。你哋都要為我哋好好祈禱，等我哋有機會打開福音嘅大門。雖然我哋家就係因為嗰而坐緊監，但我哋仍然好希望可以同人講到福音，唔使左避右避、收收埋埋。同唔信耶穌嘅人一齊做嘢又好，生活又好，你哋要多啲用下個腦，把握每個見證耶穌嘅機會，收下把口，唔好成日批評人，要將人最好嘅一面帶出蒞。

〈歌羅西書〉4 章 1 至 6 節

有光明有黑暗，有好的一面和壞的一面，既心懷遠大理想，也受困於軟弱現實，這是人的實相。

有時太過聚焦於人的醜陋，不單把衰人顯得更衰，就連我們自己的幽暗，以至旁觀者內心的幽暗，也在這種聚焦之下給放大，天下烏鴉一樣黑，任誰做好事背後都有不懷好意的目的。

墮落世界，是我們的起點；不隨眾墮落的，就如逆水行舟，被時勢的洪流推得左搖右擺。然而黑暗的滲透卻是無孔不入，在你以為明亮無垢之處，在每個日常決策、人際互動之中，黑暗總是蠢蠢欲動，伺機攻城掠地。

當這個世界都伏在那惡者手下，惡人惡事，惡念惡行，彷彿只要動動指頭，什麼也能水到渠成。但《聖經》鼓勵我們，要知道我們這班屬於上帝的人，是要對抗這一切的黑暗，提醒我們不要為了打倒黑暗而讓自己也成為黑暗，倒要成為光，照亮人內心幽暗的角落，讓人知道這光，是源自照亮世間的上主。

屬靈生命的成長、品格的陶造，是在每個生活場景中，與上帝互動、對話而來。透過天國視點的介入，我們知道這個世界的權勢不是唯一和絕對；透過重讀上帝與祂子民互動的記述，我們看見眼前處境的對應，體會上帝的心腸，然後譜寫出我們與上帝交往的故事。每一個這樣的故事，都成為生命的養分，讓我們更肖似基督，更熱切委身天國，跟隨祂的腳蹤行。

耶穌基督與門徒一起的生活，具體說明上帝是如何與人同在，如何接納，如何拯救。雖然門徒常為諸如誰為大之類的事情爭論，反映他們是如何不明白耶穌的心，甚至在耶穌被捕下獄的時候，謊稱不認識耶穌，但耶穌仍然預先鼓勵彼得，把任務交予他，沒有對他的失足失望：「但我已經為你祈求，叫你不至於失了信心。你回頭以後，要堅固你的弟兄。」

我們的世界，不是這樣的。我們深信「一次不忠，百次不用」，沒有第二次機會。我們對人的成長沒有耐性，要求人一步到位、好使好用，不合用就即時棄如敝屣；我們以為厲聲斥喝責備，把人罵個狗血淋頭，揶揄得體無完膚無地自容，殺一儆百，世界就會變得更好。

也許，其他人會因為懼怕自己成為下一個被批評的對象，行事會更加小心；但對當事人來說，除了自我消失，這裏已沒有回頭之路。

人與人之間的相處，雖然複雜，其實也是簡單。能站在對方的處境立場多想一想，嘗試易地而處，將心比己，想想一個人要怎樣才可以重新振作，棄惡揚善，從那惡者的手回到耶穌身旁，為過去的惡行盡力補償，從而看見自己也有可以從善的地方，這個世界的惡就自然減少一分，良善就多添一毫。

2-13

做人咁虛偽，死得啦

嗰時，有幾個喺耶路撒冷嚟嘅法利賽人同文士，來勢洶洶噉去到耶穌面前，一句就質埋去：「你班門徒點搞㗎？當阿公嘅規矩流㗎？佢哋食飯唔洗手嗎，呢鑊點計先？」耶穌都唔同佢哋客氣，一句質返轉頭：「噉你哋又點搞呢？淨係掛住啲規矩，連上帝吩咐你哋做咩都搞唔清，噉又好好咩？上帝又夠講過『要敬重老竇老母』啦；又話：『咒老竇老母去死嘅，要死嘅其實係佢哋。』但你哋嘅規矩又點呢？你哋話：『做仔女嘅，只要有畀家用就大晒，老竇老母點鬧、點對佢哋都得。』你哋就係噉，自己嘅規矩就大晒，上帝嘅說話就係廢話。你班友咁虛偽，以賽亞真係無話錯你哋：呢啲百姓把口就話尊敬我，個心就遠離我；佢哋用自己嘅規矩當係我嘅道理去教人，噉做，拜我又有咩用呢？」

〈馬太福音〉15 章 1 至 9 節

返教會的不一定是好人，是常識得不能再常識的描述。但人的玻璃心，卻往往被人這樣說一句就激怒。我們常常以罪人自稱（甚至自居），但其實對「罪人」這兩個字，一點實感也沒有，純粹念口簧。

只求表面的尊嚴，是虛偽的溫牀。假冒為善，就是虛偽。虛偽的人，不想人拆穿他們的不真實，於是建立起另一種「真實」，並宣稱是更真實、更具體、更有規範，使人以為自己已然得道，忘記了原來的真實究竟是什麼。而耶穌批評文士和法利賽人最嚴厲之處，也在於此。

有些人說，教會圈子，最容易碰見的就是《笑傲江湖》裏的君子劍岳不羣，表面上謙謙君子，實際上既想得到權力，也要囊括名聲，操控別人的情緒，做事以退為進，引導對方的反應，好裝出一副勉為其難的姿態，最後名譽地位權力利益，袋袋平安。

或許公平一點說，虛偽並不是教會獨有的現象，大凡強調道德教化的團體，都很容易出現這種試探。雖然我們會說，如果把真小人與偽君子放在天秤上，人們是寧願選擇前者；但我們其實並不是真的因為喜歡小人才這樣選擇，而是說「寧願」，就是說在揀無可揀的情況下，才會選擇真小人。又或者說，比起真小人，偽君子是差勁何止十倍百倍。

道德理想，從來遠在雲端；看到而做不到，是我們許多人的實況。我們不甘承認自己的有限，但又知道，要做到知行合一，沒有捷徑，只能一步一腳印，把所知所信行出來，做到多少就有多少。

然而我們同時又知道這個世界，很多時只看一時的門面，匆匆相遇，誰又真箇會花時間深究你的底蘊？尤其所謂教會生活，大不了就是一個星期見面一兩次，吃吃喝喝、天南地北、東拉西扯幾小時，然後你有你生活，我有我忙碌，各不留下印。

信仰羣體，不能像工廠一般計劃規劃，而要在日常生活、人生經歷中慢慢累積。當教會變得愈來愈公司化、企業化、娛樂化，講公關講裝潢講效益講氣氛，這種遠離初心的假面就愈發增多。

我們以為教會每星期能有聚會有活動就是正常運作，以為迎合大眾需要配合中產口味教會就自然增長，然後我們忘了，一個人在教會其實是要以人子耶穌為榜樣、以聖靈為同行者，學做一個真實的人，而不是一個宗教團體的登記會員，定時定候交會費，到時到候換着數。

正所謂多行不義必自斃，岳不羣自有岳不羣的下場，虛偽的面具終必拆穿，若然未報只是時辰未到。信耶穌的人，要相信耶穌會有重臨的一天，所有人都要在上帝的審判台前交帳，這就是他們的「時辰到」了。

是的，說到底，我們這條命最終要交的帳，不是向世上的任何人，而是那洞悉一切謊言的上帝、真誠無偽的耶穌、引導我們認識真理的聖靈，至於那些門面工夫，還是算了吧。

2-14

人比人，比死人

對我涖講，你哋點睇我，其實唔重要；出面嘅人點睇我，就更加唔重要，連我自己都唔會同人比。雖然如果真係比，我都算係幾 OK，但重要嘅唔係同人比，而係主點樣睇我哋。所以，既然耶穌都未返涖，佢都未開聲，我哋今日就唔好咁表面，唔好咁快睇死人，又話呢個衰，又話嗰個廢。到時，耶穌會逐一同我哋解畫，將好多我哋諗都未諗過嘅事實，特別係嗰啲動機呀、諗法呀、祈禱呀，講返畀我哋知，然後逐個派 like。

〈哥林多前書〉4 章 3 至 5 節

做人，很難不和別人比較，尤其在崇尚競爭的香港。汰弱留強，是我們自小就從學校認識到的真理。由嬰兒誰先懂得站立、誰先懂得開口講話，到爭入幼稚園興趣班，小學中學一條龍，大學聯招入八大，初職人工，升職速度，誰先結婚，誰先買樓，誰受歡迎，誰最多 like，這場人與人之間的競逐，彷彿從呱呱墜地進入世界開始，一張開眼睛，就無法抽身逃離。

不幸的是，就連教會羣體，所謂分別為聖的羣體，似乎也無法倖免。誰教會人多，誰的教會有座堂，誰講道的笑話好笑，誰的樂器玩得勁，誰夠格在鎂光燈前講見證，誰在羣體中最受歡迎，雖然未必宣之於口，卻也是信徒心中的評分標準。

當我們看重世界從人而來的評價，視之為好見證的基礎，我們就被世人的目光綑綁，失去從耶穌基督而來的自由。

當基督徒宣告耶穌是主的時候，我們是在說，因為主只有一位，所以世間一切權勢，於我們都沒有絕對的主權，不能主宰我們如何評價自己和他人的價值，主宰我們的行為抉擇。因為耶穌是主，任何政權都不是我們的主，所以我們守法不是由於法律是由政權頒布，而是由於所守的法能使人的惡念惡行受限，保護人的良善。因為耶穌是主，任何老闆也不是我們的主，所以如果老闆為了自己的利益，傷害上主所創造的大地眾生，我們不能因為自己是員工而啞忍，即使因為開聲頂撞而失去工作崗位，我們所服膺所守護的，仍是上主的天國價值。

而在講求人際關係的教會羣體，這種人與人的比較，背後有更複雜的內心交戰、心理互動。精神分析學中，有所謂移情作用（transference），用以描述在診治過程中，患者把童年時對某人的感情（通常是對父母），轉移向另一個人身上（通常是患者的心理分析師）的現象。

這種情感的轉移，有時也會轉向其他諸如上司下屬這類關係，把童年時從父母身上得不到的肯定，轉為向上司索求，為上司口中的一句讚賞而忐忑；把兄弟姊妹之間的爭寵，轉為同事之間的爭競。

人心的弱點，往往就在這些不滿足之中不斷擴大，同時互相激發對方的弱點。從下而上的移情，固然反映童年的缺乏；從上而下的苛索，又何嘗不是另一種欠缺？把團友組員當成自己仔女一般照料，正面看當然可以是「幼吾幼以及人之幼」的無私奉獻，但如果組長在自己的家庭中備受冷落，結果就可能變成組長向組員索求，用受助者的反應來填補心靈的空虛、親密的慾求。

奧古斯丁曾說過，人心有一個空洞，唯有找到上帝方能填滿。反過來說，當人沒有把上帝看成是真正的滿足，我們就會用盡各種方法，競逐爭奪世上各種東西，嘗試填滿這個缺口。

宣告耶穌是主，不僅是宣告生命的主權誰屬，更是學習認定，唯有耶穌才是我們的真正滿足，藉以分辨抵擋世間的誘惑，釋放自己的生命，也鬆開對人的綑綁。

2-15

睇定啲，唔使即刻上晒火嘅

弟兄姊妹，如果見到有人舐咗嘢、影衰晒，你哋呢班行得正企得正嘅呢，就要拉佢哋返埋蒞，溫柔啲，唔好咁惡死。你哋自己都要小心，唔好以為自己唔會衰埋一份。大家你幫下我、我幫下你，基督咪就係噉吩咐我哋嘅囉。無料扮四條嘅人，成日以為自己叻晒，其實係自己呃自己。自己做得好，已經夠晒好，唔使踩低人去抬高自己嘅；顧掂自己嗰壇嘢，盡力做好佢，本身就已經夠滿足。有好嘢，記得同人分享，耶穌基督就係噉樣將你哋擺埋一齊。做人唔好連自己都呃埋，上帝唔呃得㗎。正所謂種瓜得瓜、種豆得豆，心地唔好，小心有報應；跟實聖靈就實無死。做好事雖然未必即時有好結果，未必有人會行埋蒞多謝你，時辰未到啫，唔使愁，到時上帝會同你計㗎喇。所以，一有機會做好事，唔好等，即刻做，對弟兄姊妹就更加要係噉。

〈加拉太書〉6 章 1 至 10 節

做媒介教育做了那麼多年，有時真的很氣餒。當你不斷提醒人，轉發資訊前要查證事實，但現實所見盡是一窩蜂的網絡瘋傳，純綷因某某意見領袖 KOL 也轉發了，人就懶得思考，務求搶先出帖，方為時尚。

資訊有很多類型，有些是需要你仔細慢讀，理性思考；有些遣詞用字則夾雜大量情緒，情感操作嫻熟，語不驚人死不休，抽水抽乾太平洋。

從個人情緒發展至集體民粹，中間有許多情感的牽動，仇恨、憤怒、傷痛、擔憂，都是資訊擴散的催化劑；從童話愛情的憧憬、個人願慾的渴求，到理想政治的投射、完美道德的祈求，每一次條件反射的轉發，都在反映我們內裏對現實世界的不滿足。

俗語說「相見好，同住難」，在互聯網所築構的地球村，太過靠近，有時也是一大考驗。朝見口晚見面，彼此傷害，怨氣累積太深，別人幹什麼也是不順眼，一有差錯，別人的尖刺就比自己眼中的樑木更加礙眼。

與人相處的藝術，很多做人的基本常識，好像一下子就被互聯網改變。那些待人接物的文化，你以為是約定俗成早有共識，但當你經歷過私人對話被截圖留底，然後放在網上公開公審，你才知道彼此原來這麼陌生。昔日關係看似良好，彼此能稱兄道弟或者互為閨蜜，但原來只是尚未觸碰到對方令人側目的一面，一朝反目，就是反轉豬肚。

許多本來不會面對面說出口的批評，只要隔着屏幕，說話要多辛辣就有多辛辣，愈腹黑就愈賺到掌聲，不斷鼓勵人滿口狂言，毒蛇吐信。

說到底，當人只被還原成一幅圖片、一段資訊、一個立場、一堆數字、一個階級，而看不見那人是按上主形象被造，我們的惻隱之心就無從發動，出口殺人易如反掌，如果有崇高理想就更理直氣壯。

或者我們以為，真理可以愈辯愈明。然而，耶穌基督所展現的那種真理，是不是單靠辭鋒銳利就能表明？即使像特土良（Tertullian）這類希臘護教士，在為信仰辯護時，也是易地而處，釐清誤解，情理兼備，務求在解說過程中為對方釋去疑慮，而非用言辭擊殺對方，把對方逼至牆角，要人無地自容，再無翻身機會。

上帝面前，我們都是罪人，沒有比誰更高尚。即使我們義正嚴詞，也只是「一時唔偷雞做保長」，忘記我們沒多久之前才又叫過聖靈擔憂。如果上主的心意是不願一人沉淪，我們是誰，竟敢自以為手握天國大門的鑰匙，為上主的救援加添障礙？願聖靈保守我們心中的安定，不慍不火，不亢不卑，只以引渡人回轉天國為是。

2-16

講錢，要講呢啲

啲啲好有錢嘅城中名人、超級富豪，你要同佢哋講，唔好咁囂張，錢財只不過係過眼雲煙，風向一轉，就渣都無得剩。識靠，就梗係靠嗰個畀你有命喺呢個世界，享受到咁多好嘢嘅上帝。仲有，記住提佢哋要做多啲善事，因為富有，從來唔係計佢袋裏面有幾多錢，而係計佢有幾甘心樂意畀出去，幫到幾多人。噉樣打好個底，為將來做好準備，佢哋至會明白咩嘢先至係真正嘅生命。

〈提摩太前書〉6 章 17 至 19 節

富豪之子大談理財之道，提到自己十歲生日時得父親餽贈現金十萬大元後，沒有即時買玩具，沒有即時開大餐，而是儲起來，收在自己的小夾萬。許多人對此冷嘲熱諷，抽水發文，一洩貧富懸殊的怨恨。

儲蓄，不是什麼壞事；而一個十歲小孩，沒有選擇揮霍，更是說不出錯在哪裏。也許大家最看不順眼的，除了十萬元對一個十歲小朋友來說是太誇張之外，更是富豪眼裏只有錢，沒有趁機教育下一代，金錢其實可以用得更有意義。

然而，我們自己又如何？我們中間有多少人，把安全感建築在花碌碌的鈔票上？有多少人，為了追求中產生活的質素，借貸度日，月月只付最低還款，由金錢的主人墮落成金錢的奴隸？我們的教會，又把最多的錢投放在哪些事情上？許多和金錢有關的道理，知道是知道的，但真要實踐嘛，往往講就天下無敵，做就有心無力。

當我們說，要把財寶積攢在天上，但樓市股市升跌的消息，比牧師的講道更觸碰我們的神經。當我們說，施比受更為有福，但我們往往更關心崇拜之後去哪裏吃飯、有什麼好吃，而對因為生活捉襟見肘而不敢應約吃飯的弟兄姊妹視而不見。我們所做的，會不會跟富豪之子所說的，其實好不到哪裏去？

面對貧窮人心中的焦慮、具體的困境，若沒有設身處地的投入，是很容易出現「何不食肉糜」那一類建議。例如，住宿、飲食、交通的開支，是每月的必要基本支出，很難省掉。當租金高昂，被迫搬到偏遠地區居住，出門上班下班的車資開銷就自然增大。當每天放工都得舟車勞頓，回到家中已心力交瘁，菜市場亦早已關掉，那就只能在附近食肆草草用餐，價格昂貴之餘，鹽油糖的攝取也很容易過量。飲食不健康，早出晚歸，身心俱疲，要保持強健體魄並不容易，醫療開支亦會大增，而公立醫院早已迫爆，除非你傷病嚴重得快要死，否則排期診治隨時也得花上三五七年。

實況體驗節目《窮富翁大作戰》，曾邀請城中知名人士，親身體驗基層生活，做雜工，住劏房。節目的立意是好的，不少參加者事後也真的有點體會，至少在節目中也提出過種種反思。然而，這種模擬體驗和真實的貧窮最大的差別，不在於所睡的劏房是否錄影廠搭建的佈景，不在於所安排的勞動工作是否只是鏡頭前做做樣子，而在於貧窮剝奪人的盼望，消滅人對有一天能脫離困境的想像，以為這些困境是永遠的，是重重複複沒有出路的，因此也是絕對的，是他們的人生所能經歷到的唯一真實。

常說，我們的身分是上帝的管家，意思是當上帝把禮物（gift）——無論是財富抑或才幹，放到我們手中時，我們要正確地認識到，這些東西本不是我們的。我們只是受託去運用這些資源，以回應上帝的心意，作成祂的事情。

那麼，我們又當如何讓這些資源，更好地回應貧窮人的需要，以致人能在困境中知道上帝聆聽了他們的苦情，讓人在那如山的現實壓力面前重燃希望，經歷到世界另一種可能，看見天國的真實？

不用四處看了，這些恩賜一早已交到我們的手中，只待我們甘心樂意地拿出來，成為世界的祝福。

2-17

死跟耶穌包無死

你以前條命已經死咗㗎喇，你依家條命先至係真嘅。雖然其他人睇唔到，但你自己好清楚，知道耶穌點樣攬你上身，就點樣一齊同你喺上帝身邊。基督就係你條命，所以當耶穌基督返蒞嘅時候，你會同佢一齊出場——唔係以前嗰個你，而係嗰個好真嘅你、嗰個好靚仔靚女嘅你。係咪好期待呢？唔使咁心急搶住開牌嘅，認住耶穌，二仔底死跟，噉就實無死喇。

〈歌羅西書〉3 章 3 至 4 節

我之所以會用廣東話意譯《聖經》，是受到英語意譯版聖經 *The Message* 的啟發。*The Message* 的譯者畢德生牧師（Eugene Peterson），2018 年剛因病辭世，終年八十五歲，臨終前留下輕輕的一句遺言 "Let's go"，餘音裊裊，音容宛在。

到底，生命要有多篤定，方能像牧師那樣，面對生命的將逝，仍能如此從容自在，帶着微笑，迎向死亡？到底，一個人要過了怎樣的人生，對所做過的事有多滿足，才對得起一句「死而無憾」？

年少時的我，不知天高地厚，行事為人總是自視過高，甚至豪言從不後悔所作過的每一個決定。其實話一出口就已知道，這些豪氣只為逞強人前，以顯出自己的不凡，掩飾自己的虛怯，不想別人觸碰到自己生命中的脆弱。

那時的「無悔」、「無憾」，主要是出於自己的無知。年事漸長，慢慢學習真誠地面對自己，方發現人生遺憾之處，實在多如繁星。午夜夢迴，昔日的憾事痛入心扉，在自己在別人身上留下幾許血痕，令人不忍直視回望，嚇出一身冷汗。牽纏的歷史，也留下令人裹足的陰影，唯恐再次害人害物，在決定面前猶豫不決，惴惴不安。

也許，人生的無憾，不是來自一生的順風順水、無災無難，而是由於看見各種高低順逆的意義。事實上，在不完美的世界，殘缺才是常態。就像長期病患者，雖然頑疾無法根治，卻可以學習接納這些缺陷，視之為生命的一部分，讓缺陷放在上帝手中，轉化成專屬於我們自己的獨特，幫助我們擁抱這些傷痛。

而耶穌基督的十字架，就曾深刻地說明這種轉化是如何發生。

十字架本來是羅馬帝國的刑具，是國家制度的暴力，是威權統治的工具，是對區區一個拿撒勒人耶穌的羞辱，是對所有異議者的威嚇，是世界對自己手中權力的高舉；但在上帝手中，這個用來殺雞儆猴、令人聞風喪膽的殘酷刑具，卻成為基督的榮耀、拯救的記號，表明上帝以何等的代價，親身承擔我們的罪孽，給我們一個重新向天國回轉，在罪上死、在義上活的機會，讓我們在耶穌再來、天國降臨的時候有我們的位置，由此反照出一份無可比擬的愛顧與恩惠。

假如我們的一生，念茲在茲的都是與基督的同在，而非今生今世的功名利祿、大業鴻圖，深信上主會在我們身後繼續呼喚人回應天國，離世就不是離去，而是回家，回到眾聖徒的團契，回到獨一聖言的住處。至於仍在此岸的我們，願上主垂念，讓我們有一天也一同回家，敍說逸事風塵。

2-18

唔掂搞到掂

上帝同我講：「唔使驚喎。我畀你嘅嘢，夠用㗎喇。你有咩嘢唔掂，我幫你搞到掂。」真係一言驚醒夢中人！係喎，我搞唔掂，上帝咪做嘢囉！所以，我成日都提住自己邊度唔掂，等耶穌莁幫我，噉我又可以同耶穌一齊喇。為咗可以見耶穌，嗰啲咩嘢病到無力呀、畀人兇呀、壓力爆燈呀、畀人封舖呀、無出路呀，我唔單止睇開晒，仲覺得高興添；因為我最唔掂嘅時候，就係耶穌最幫我嘅時候。

〈哥林多後書〉12 章 9 至 10 節

人類的本性，總是想趨吉避凶；然而人世的艱難是，困苦患難總是難以避免。有些艱難是天災，有些艱難是人禍。而當你以為天災難免，人禍可避時，偏偏，人性的盲點，總把我們一步一步推向難以面對的困境，恨錯難返。

只是現實生活中，我們沒有時光機；艱難發生時，追悔總是無用。當人遭遇患難，無論是無辜還是自招，基督信仰一直呼喚我們向前看，把攔阻前路的困頓，當作煉淨生命的時機。

處境雖難，卻能逼使我們放下一切的無謂，給我們一個機會，重新審視內裏的真實，輕身上路，跟隨祂的腳蹤行。

然而矛盾的是，我們只想用耶穌的名號，來為自己的腳蹤加持，做自己喜歡的事，接觸那些本來已歡迎我們的人；而非把自己的腳步，踏印在耶穌所走過的道路。

我們知道，耶穌與人同在，特別是與被世界無視、遺忘、冷待、敵視的人同在，他們有些人也許長期赤貧，有些人被政治抹黑，有些人因為太苦而對人充滿猜疑；而我們許多人，卻一直在竭力迴避，唯恐被人知道與他們有所牽連。他們是現代的痲瘋病人。

耶穌基督的道路，毫不體面，那是一條被世界凌辱的道路，是被人圍毆的刑場，是連殉道者的光環和冠冕也被褫奪的溝渠。當我們愈是看清耶穌在世的遭遇，我們愈是難掩心中的恐懼。

在這種張力下，膽怯，其實很正常。

當我們說上帝有恩典有憐憫，不是在說祂會縱容罪惡，任由惡人一再運用詭計去欺凌弱小、欺瞞上帝，而是祂顧及我們在求善的旅途上如何力有不逮，明白我們所要對抗的邪惡是何等強勢兇悍。於是，祂在我們感到快要不行時扶我們一把，在我們動搖甚至背叛時，用諸般方法呼喚我們回轉天國，重新與上主同行。

但要承認自己不行，不是容易。在一切以功績來衡量一個人價值的社會，我們習慣以逞強來裝飾自我，藉此保存我們那脆弱的自尊。我們吹捧道德理想的偉大，看重門面裝潢，有意無意間忽略了人世的種種限制，專挑不完美的骨頭，知與行的差距愈拉愈遠，講得出做不到，但又要維持完美形象，要不變得虛偽，要不就在勉力而為之上更勉力而為，在抑鬱崩塌的邊緣上徘徊。

上主知道我們的本相，知道我們的起點，知道我們的軟弱，知道我們身處的現實。祂沒有要求我們把世界變成天堂，而是應許與我們同在，在世見證天國的真實可信，在患難中不失盼望，在黑暗的角落點燃一盞幽微的青燈，捧讀上主留下的聖言黃卷，等待天國的降臨，等候上主再來的時候，給我們一個從祂而來的肯定，好叫我們今天能忠於所託，繼續傳講那個大異於今世的天國故事，堅持以善勝惡。

2-19

天堂真係預咗個位畀你？

如果有個衰人，佢唔再做壞事，跟足我吩咐，佢實唔使死，一定有路行。佢以前做過嘅衰嘢，我唔會記住；佢會因為做得啱而有番條命，抬番起頭，做番個人。你嘅主上帝話：乜你以為我好想見到衰人死咩？見到人死，我會開心咩？佢唔再做壞事，我係咪仲開心呢？相反，如果有個好人，佢唔再做好事，跟晒世界嗰一套古惑嘢，壞事做盡，佢會唔死？佢以前做過嘅好事，我一件都唔會記住；佢會因為做過嘅衰嘢而死——實死無生呀我話你知！

〈以西結書〉18 章 21 至 24 節

有時，我們很難接受，為什麼好人會做壞事，然後陷入判斷的拉扯糾纏，不知自己應抱持怎樣的立場企位。

人情世事，沒有簡單的非黑即白；恩怨情仇，總是欲斷難斷，千絲萬縷。好人也好，壞人也罷，都是一念天堂，一念地獄。即使入室弟子如彼得，才剛被耶穌稱讚為有福，一轉眼就被斥責為要退去後邊的撒但。那麼，人的得救，還有什麼可以倚靠？

有沒有曾經想過，關於基督徒的得救，傳統那所謂「信耶穌上天堂」，到底有什麼《聖經》根據？福音書所說的天國、上帝的國，和我們口中的天堂，是在說同一件事嗎？

有沒有曾經懷疑過，那所謂「一次得救，永遠得救」，怎麼好像把上帝當作傻子？把上帝為我們所作的一切當作理所當然，好像是上帝欠了我們一般？到底誰才是主呢？這中間是不是搞錯了些什麼？

或者，我們可以再退一步想，到底什麼是信耶穌？〈約翰福音〉20 章在總結耶穌事蹟時說：「但記載這些事是要使你們信耶穌是基督，是上帝的兒子，並且使你們信祂，好因着祂的名得生命。」「基督」一詞的字義，是指受膏者，即是上帝所任命的人，例如掃羅作為以色列第一位君王，就被稱為「耶和華的受膏者」。

所以，信耶穌的意思，是指相信耶穌不單有上帝所保證和任命的身分，更是上帝的兒子。上帝聽了我們的苦情，知道我們被世上的權勢所折磨，被這世界的罪惡所綑綁，就讓自己的兒子來，表明這些權勢和罪惡對我們沒有絕對的權力，在這一切之上有更大的天國。藉着耶穌打開一條通往天國的道路，呼喚我們照着耶穌所示範的善行去行出來，耶穌基督的天國就是我們的天國，耶穌基督的生命就是我們的生命。

上帝所要求我們的，是要時刻警醒謹守，遠離惡行，讓心中充滿天國的良善，不讓惡念有肆意滋長的條件和空間。所以，無論任何人說「天堂已經有個位留了給我」，然而行事為人充滿詭詐，順從世上權勢多於順從上帝，心裏最終效忠的其實不是天國之主，耶穌基督的天國就與他沒有關係，因為他心中的天堂沒有上帝。

然而有趣的是，浪子回頭金不換，上帝一直在等待我們回家，即使我們已被利慾薰心，權勢主宰了我們的一言一行，隨人翕張，但只要我們有一刻願意棄惡從善，對所作的惡事心存悔意，不為自己的言行狡辯，重新以基督的心為心，愛上帝所愛，惡上帝所惡，伊甸的花朵仍會在我們的生命中盛開。

2-20

主啊，主啊，做乜唔畀我入去？

你以為自己噏緊「芝麻開門」呀？我話你知，唔係個個叫我「主啊，主啊」嘅，都可以入得到天國，只有嗰啲真係跟住天父心意照住行嘅，先至入到去。到嗰日，一定會有好多人走蒞同我講：「主啊，主啊，我日日都喺網上面貼好多聖經金句，又成日去復興特會趕鬼，祈禱仲成日見異象講方言添，乜你睇我唔到嘅咩？」好，我再講白啲：「你做埋咁多衰嘢，我見都未見過你呀！走啦，睇見都眼冤呀！」

〈馬太福音〉7 章 21 至 23 節

好多人對信耶穌的想像，窮得只剩下「死後上天堂」；而決志祈禱，就如同去旅行訂酒店房，去到接待處拿門禁卡，一卡在手，嘟一嘟就入到去。

試想像，如果你在酒店大堂接待處找不到你的名字，你會有什麼反應？指着服務員破口大罵？說自己一早已在網上訂了房辦好所有手續，然後據理力爭？即時坐在地下大聲撒野，說人家傷害你的國家民族感情？

有沒有想過，問題可能出在自己身上？可能你訂房時填錯了資料，甚或根本沒有付款過數？

用住酒店來類比上天堂，其實有點不倫不類。問題也許不單在於住酒店，更在於上天堂——誰說信耶穌是為了上天堂？福音書豈不是說進天國嗎？更何況，《聖經》對那日子的描述，是動態的，是以上帝那一方為主動，就像耶穌的祈禱所說願上帝的國「降臨」，或如〈啟示錄〉對上主的描寫，祂是昔在、今在、以後要來的上帝，是天國向我們臨近，是上帝向我們迎面走來，而不是在遙遠的他方，有一個孤獨無聲的國境，寂靜等候訪客的到來。

電視上曾有個綜藝遊戲節目，其中一個遊戲和這天國降臨的意象很相似。遊戲中有一塊會移動的佈景板，當主持人一聲令下，佈景板就會慢慢向參加者移近。佈景板上有幾個人形的孔洞，參加者如果不想被佈景板逼到後方掉進水池，就得配合孔洞的形狀，擺出相配的姿勢，好讓自己和隊友都能一同成功穿過孔洞，到達安全的彼方。

那孔洞就是窄門，是天國良善的理型，是耶穌基督的心腸。要進天國，行事為人須當遵行祂的旨意，貼近祂的心腸，以基督耶穌的心為心。

人看人是看外貌，上帝看人是看內心。即使披上宗教的外衣、虔誠的名號，你心中真正所求的，無論是名是利，是權是慾，上主一眼就能看穿，沒有一樣能夠隱藏。凡是用天國之名來撈自己油水的，仍是活在罪中，仍留着罪身的形狀，窄門自然難以通過。

天國降臨，從來不是靠人的德行來成就，而是來自上帝的主動行動，祂為自己的名要為整個受造世界帶來更新轉化。那勞役大地眾生、以強權壓迫製造出來的「和平盛世」，如今要易主了，良善之主要作王了，祂看重受造生命的尊嚴和價值，重視勞動者的回報與公平，定意要為眾生的共融訂立界線和公正。

那些因為追求良善而被權勢抹黑、誣告、擊打、處刑的，那些因為耶穌的名而飽受苦待的，在天國降臨之日，在天國之主最終的審判台前，將要得到上帝公正的評價，所受的冤屈將要討回公道——如同上主以復活來否定世界的權勢、肯定耶穌的道路一樣。

在權勢猖狂兇惡、惡人張牙舞爪的日子，基督徒最重要的禱告其實只有一句：「主啊，我願你來。誠心所願，阿們。」然後以迎向審判台的身姿，拒絕與世界權勢同流合污，活出今天對天國良善的認信。

2-21

事非經過不知難

大祭司，聽個名就勁，但其實係做咩嘢嘅呢？佢哋主要嘅工作，係將人帶到上帝面前，幫佢哋向上帝求情。佢哋好明白，人到底有幾唔掂，有幾迷失，因為佢哋自己都係咁艱難。所以，佢哋嘅祈禱，既係為大家向上帝求情，亦係幫緊自己求情。一句到尾，如果掛住爭上位，以為做大祭司係一件好威嘅事，噉你根本搞錯晒。呢個位置，無人可以自己話做就做，只能夠由上帝親自叫佢做，就好似以前嘅大祭司亞倫一樣。

〈希伯來書〉5 章 1 至 4 節

早陣子聽做輔導的同事說起，她曾聽一位前輩輔導員說過，人生太過一帆風順的話，是不太適合做輔導的。為什麼呢？答案很簡單，也很能理解，就是無風無浪的人生，是很難理解塵世人間的複雜和有限；紙上談兵的同理心，沒弄出更大的困難，已是萬幸。

的確，在生命面前，人沒有能自誇的餘地，除了謙卑，只能謙卑。回想自己早年的人生，也曾走過板間房、被逼遷、住寮屋這類草根階層的日常，滿以為對人生也是有點體會，但隨着年紀漸大，聽到的、自己遭遇過的人情世事愈多，愈發覺人生的困頓，真是一山還有一山高，也看見自身的有限和不足，對自己年少時的大言不慚，羞愧得無地自容。

大概十多年前，開始接觸帶領團隊的工作，茫無頭緒，於是不斷找書來讀，其中讀到《僕人：修道院的領導啟示錄》（*The Servant: A Simple Story about the True Essence of Leadership*）一書，感受很深。書中主角約翰踏足職場多年，有一天忽爾遇到各種艱難，為了解決眼前的困境，就參加了一個在修道院中的領袖課程，希望能得到啟示指引。期間約翰遇到擔任屬靈指導（spiritual direction）的西面修士，並在與修士的對話中，重新檢視一些被功績社會所遺忘了的基本價值，重尋領袖職務的初心。

當時我對主角的反思，只想到「老調重彈」這四個字，對所謂領導學的興趣不大；反而對屬靈指導這個角色充滿好奇，於是我把這靈光一閃的念頭放在禱告之中，栽種在心底深處，默默向上主禱告說，主若願意，就讓這種子開花結果，成為祝福。

然後接續這十幾年的人生，遭遇的滑鐵盧多不勝數，黑暗的深處仍是黑暗，百劫纏身，為自己的無知感到悲哀。然而卻也因為這份感悟，豪情和矯情減少了，聆聽和憐憫增加了，對人多了一點耐性，減少了即時的回話，開始看見人情世事的千絲萬縷，事情往往互為因果。一個好人可以在另一個脈絡下是衰人，反之亦然。

然後再以這雙眼睛察看昔日的自己，重讀往日的言語，發現自己倚仗小聰明的淺薄，為到自己如何待人接物，為到曾經傷害過的人，感到抱歉，同時亦開始接納自己的有限，接受自己有些事情即使勉力而為也是力有不逮。

大概，上帝是聽了我的祈禱，讓我經歷這一切逆境，藉此修剪我的人生，幫助這個世界不用被我更深地傷害；並用這些經歷來告訴我，不要自大，要尊重生命的複雜，要與時間做朋友，觀看上主那測不透的恩典與作為。

Part 3：教會好煩

3-1

邊個想做大，先要肯做細

佢哋離開之後經過加利利；但係耶穌唔想畀人知，於是就同門徒講：「人子好快會畀人篤灰，會畀人做瓜；死咗之後，三日後就會翻生。」班門徒唔明，但又唔敢問。

跟住佢哋竄到去迦百農。一入到屋，耶穌就問班門徒：「頭先你哋究竟一路行一路嘈緊乜嘢？」佢哋即時頭耷耷無聲出，因為佢哋頭先喺度拗緊邊個先至係大佬。耶穌坐低之後，就同呢十二個門徒講：「邊個想做大，先要肯做細，要肯執頭執尾洗廁所，乜屎都要食。」然後叫咗個細蚊仔行過蒞，企喺班門徒中間，抱起佢，同佢哋講：「好似噉嘅細蚊仔，邊個會為咗我而去招呼佢，就係招呼緊我；唔單止噉，佢更加係招呼緊叫我蒞嘅嗰一個。」

約翰忽然懶醒目咁發表偉論：「老師老師，我哋見到有個人攞你個朵去趕鬼，我哋見佢無埋我哋堆，都唔係自己人，所以唔畀佢做囉。」耶穌一聽就知佢搞錯重點，於是再講多兩句解釋一下：「唔好唔畀佢做，無人會攞完我朵做咗啲勁嘢，轉個頭就唱衰我個朵嘅。唔阻住我哋嘅，就係自己人。邊個單單知道你係為基督做嘢就幫你，就算簡單到只係畀杯水你飲，佢都重重有賞。」

〈馬可福音〉9 章 30 至 41 節

網上有句名言，時不時就會有人造圖貼出來，傳來傳去：「上帝，我係 OK 嘅。我只係頂唔順佢班 fan 屎啫。」（I've got nothing against God. It's his Fan Club I can't stand.）

有時，基督徒不知作了什麼孽，愈是熱心傳教，愈是令人討厭上帝。然後，也許是要自己好過一點，讓自己感覺良好一點，就把別人對自己的厭惡，說成是對上帝的厭惡，說成是罪人對真理的抗拒，是罪人自陷於罪中之樂。我們被厭惡就是為義受逼迫，我們被拒絕就是與主同釘十字架。

幻想都要有個限度吧？

或者你會以為，這只是今天的基督徒有問題，是門徒訓練做得不夠好，所以解決之道就是加強門訓，安排更多查經，去更多敬拜特會培靈會，叫團友組員去讀神學課程，多辦幾個屬靈書籍讀書組……很抱歉，即使強如耶穌的十二個入室弟子，一樣都是「激死老師搵山拜」。

根據「因為很重要，所以講三次」的定律，耶穌受難，肯定是一件很重要的事。但按〈馬可福音〉的記載，每一次耶穌講完受難預言，門徒的反應都是十分難頂。就像耶穌第二次預告自己將要遇難，門徒唯恐自己會步大師兄彼得的後塵，被耶穌斥責是撒但，全部人都不敢回話。

就當他們有自知之明，不回話也算了，明明吩咐過要安靜趕路，要低調，不要引人注目，這班門徒竟然爭論起誰為大、誰才夠資格領導眾人，簡直就像在病牀前面對着老父分身家，這叫剛剛才預告完自己將要受難的耶穌情何以堪？

羣體很難，尤其那些三尖八角的人，就是不想太靠近。而又其實，我們自己也許都是三尖八角，不斷刺傷別人，在其他人的故事中也是衰人一個。

雖然耶穌的門徒也有頂心杉的時候，反映出他們是如何貼近人性的軟弱；但有一件事實在令人不得不服——十二使徒和他們的弟子，竟讓《聖經》記錄了他們這麼多軟弱的一面。

圍爐的掌聲最易築起迷醉的獨裁，華麗的宮殿最怕造成裂紋的窘態。《聖經》成書時，使徒已是有頭有面的領袖人物，他們容讓自己的尷尬流傳後世，沒有行使領袖的權力去扭曲、掩埋歷史，封住眾口悠悠，反而用自己的不濟去凸顯耶穌基督的福音，而這，豈不正是一種身段的放下？

是這種真誠，使他們與基督的福音相稱，使人在他們身上見到耶穌。反觀今天的教會，對身光頸靚、專業人士往往招呼周到，對金髮紋身、窮酸街友則投以異樣目光，難怪教會今天會被揶揄為「fan 屎俱樂部」，做不成基督的身體——基督是道成肉身嘛，沒有甘願犧牲的捨己，只有自己山頭的作王，還說什麼基督、什麼身體呢？

3-2

唔扮嘢，愛鄰舍

返崇拜搞咁多花臣嘢做咩啫？做咩踩污糟我間屋？啲浮誇嘢，好心你慳啲。扮晒嘢嘅奉獻，睇見就作嘔；乜鬼特會盛會門面嘢，最憎；平時咄咄逼人壞事做盡，一返教會就和顏悅色扮晒虔誠，問你點忍？我講多次：你哋啲乜會物會大龍鳳，睇見就煩，唔好預我，聽到未？你哋舉晒手祈禱，我無眼睇；祈禱[illegible]喃哦哦鬼食泥，我唔想聽。我淨係見到你哋成手都係血。返去洗乾淨雙手先啦！唔好畀我見到你再做衰嘢，同惡人惡事一刀兩斷，學下咩嘢叫做啱叫做公道，幫低端人口企番起身，保護孤兒寡婦代佢哋出頭。

〈以賽亞書〉1 章 12 至 17 節

在信仰羣體之中，要學習欣賞彼此的不同和差異，看見中間的光明美善，看見上帝如何使用各式各樣的人來成就天國的任命，是我們畢生的操練、一生的功課。然而差異往往帶來爭吵；爭吵得激烈，很容易就會衝口而出，發出「乜你噉都係基督徒呀？」的嗟歎，甚至要劃清界線，要公開表明恥與為伍。

人與人之間的差異，本來是平常不過。同一個家庭的兄弟姊妹，即使血緣相同，生活飲食習慣相同，都因家中排行不同、身體性別有異，自然產生出不同的人際互動。

差不多二十年前，因為在編輯過程中接觸到九型人格（Enneagram）的理論，驚歎這套理論對人性的洞察力和解釋力，於是讀了一大堆相關的書，曾經一度沉迷。

後來編輯《步入紅塵》時認識關俊棠神父，知道他在香港還沒有多少人認識九型人格時，就已主講過相關的講座，於是帶着仰慕的心情請教一番。誰知關神父聽完我的提問後，反問了我一句：「你認為，上帝創造的豐富，是否可以用一套理論來窮盡？」這一記當頭棒喝，叫我如遭電殛，從此深深影響我對世界的觀察和欣賞，提醒自己保持謙卑。

正所謂「十隻手指有長短」，差異本身不是問題。甚或應該反過來說，如果一個羣體所有人都沒有差異，大家衣飾一樣，言行一樣，思想一樣，那才真的恐怖。背後若非有強勢的意識型態主導我們的身心反應，就是有具體的權力在監控我們的一舉一動，又或，兩者兼而有之。

要看得見差異帶來的豐富，我們要有整體的觀念，看見差異的聚集是有同一個基礎，同一個方向，從而看見差異是在什麼意義之下互補。

愈讀《聖經》愈是感到，不求必朽世俗的虛榮財富權力，做人真誠，待人以善，表裏一致，不行詭詐，渴慕天國的公義憐憫行在人間，學傚基督對受造世界的謙卑委身；這人與先知的傳統、天父的心腸就愈是一致，愈是能放下無謂的執著，看見上帝在每一個人生命中獨特的工作，欣賞別人與自己的不同。這是上帝對我們的期盼。

世界的一套，是要我們在競爭中追求卓越（甚至連善行都可成為比較），從而肯定自己的存在價值，連生命的尊嚴都只能靠自己雙手爭取回來。然而天國的視野打開了另一種的看法，讓我們單單因為知道自己是上帝所造所愛，就知道自己不是被世界競技場所遺棄的失敗者、負累、垃圾，好叫我們也不必用同樣的眼光來看待身邊的左鄰右里。

當我們身體力行，以發揚上帝對世界的愛眷與護佑為己任，抗衡世界對人性尊嚴的羞辱，對抗權勢對生命價值的剝奪和壓迫，這就是對上主最大的尊崇，也是我們向上主最深刻的敬拜。

3-3

門訓，係要堅做囉

你哋咪自己呃自己，聽咗當做咗，以為噉就叫做聽人教。因為齋聽唔做嘅人，就好似水過鴨背，聽過嘅嘢，左耳入右耳出，渣都無得剩。而當你認認真真諗清楚，天國係點樣全力支持你打大佬，唔係齋噏得把口，真係落手落腳傍實你，呢種認真，本身已經有回報，畀到力你撐落去。如果有人一有教會活動就去晒，又特會又門訓又上電視又講見證又乜又乜，覺得好威威好叻叻豬，但平時把口又唔收，噉只係自己呃自己，好假囉。真係信嘅，見到有人因為幫人而拉咗去坐冤獄、畀人打成黑五類、無啦啦大禍臨頭，係唔會劏席唔理佢哋，唔會同個世界一樣，淨係識打個卡、呃個 like。

〈雅各書〉1 章 22 至 27 節

近十年八載，教會十分流行門徒訓練。為什麼呢？可以想像，教會中大概有很多人，初信的熱情減退了，對人對世界的感覺麻木了，需要有新的刺激，重拾昔日的情懷，挽回漸冷的感情。而門訓，一方面滿足信徒這方面的情感需要，另一方面也給傳道牧者一個機會，幫助信徒重回根本，修正信仰的偏差，讓頭腦上的知識付諸實行，不啻也是一個好方法。

許多人返教會返了好久，但整個人生只是多了一項叫「返教會」的宗教活動，虔誠崇敬只是宗教場所內的社交禮儀。比較誠實的就說自己「信得唔係好深」，比較重視面子的就用宗教術語來揮舞一輪劍花，配合大家對虔誠人士的想像。而做門徒、參加門訓課程，有時也受到這種偽裝文化影響，即使課程完結，也只是多了一些體驗，學懂吐出更多術語。

記得神學院畢業照拍攝那天，教務長在人堆中跟我們這些穿着畢業袍的學生說：「你們真的以為自己已經畢業了？呵呵！」老師素常字字珠璣，這句說話我到今天仍牢牢記住。對啊，信仰真的有所謂畢業的嗎？有學位等於有知識？句句神學就等於認識上帝？

有時，我們也許太受公開試考評的思維影響，太過以完成課程為目標，以為門訓一年讀完整本《聖經》就是成就，以為去過通宵祈禱會就夠堅持，以為在敬拜特會唱足企足兩個鐘就是虔誠愛主，以為課程達標完成畢業就是生命有改變——沒有跟隨耶穌學習捨己的話，這些宗教行為都是配菜而已。

但如果焦點對得準確，對今天只愛在 Facebook 打嘴炮、動不動寫篇聲明簽名聯署就當踐行了信仰的信徒來說，門徒訓練也是很好的提醒和練習——信仰是體現在分別為聖的抉擇、捨身成仁的行動之中，而不是只在嘴唇和頭腦之上。

今時今日，門徒訓練最應該做的，是預備信徒面對兇險處處的時代。九七主權移交之前，教會不斷想像將來有朝一日，信仰羣體會被政權擊打，牧長們紛紛思考對策，例如提出細胞小組教會模式，假如聚會地點變成非法，信徒自己的客廳也可以成為教會。誰知用力頂住的壓力沒有即時出現，教會好像忘記了那時如臨大敵的謹慎，紛紛轉為購地建堂。

而諷刺的是，與此同時，十字架在個別省分一個一個倒下，信徒集資興建的大教堂瞬間被剷平，有些省政府亦開始禁止信徒在校園傳教。到底，今天我們該當如何跟從耶穌？時勢真惡，我們其實已沒有本錢再搞些搔不着癢處的門訓節目了。

3-4

我真係唔該你握番手啦

所以，如果耶穌曾經扶過你起番身，如果佢嘅愛改變咗你嘅生命，如果聖靈曾經將你哋嘅心拉埋一齊，如果你嘅心仲係柔軟嘅話……我真係唔該你：握番手啦，搭番膊頭啦，一齊諗下點搞啦。唔好淨係幫自己人圍爐取暖，唔好踩低其他人爭住認叻；做人謙卑啲，欣賞下其他人做緊嘅嘢。唔好淨係顧住自己，留意下其他人嘅情況。耶穌點諗自己，你照噉樣諗自己就啱嘞。

〈腓立比書〉2 章 1 至 5 節

大學畢業以來，我一直都在基督教機構工作。也許是商界職場太殘酷，時不時就會有人探路，問我「福音機構好唔好做」。

他們幻想一班基督徒，為了信仰，天天在一起，貢獻一己恩賜才幹，是何等的「在地若天」；但我通常都是一盆冷水照頭淋，及早撲滅他們的美好假像。

其實道理很簡單。你與教會的弟兄姊妹之間，曾否有過爭吵？當你一個星期只是回教會一兩天，彼此都不一定能相親相愛，更何況身處朝見口晚見面的辦公室？

再加上，工作環境的權力層級關係複雜難解，華人文化長幼排輩的潛規則又千絲萬縷，期望落差也就天天發生。在商業公司，當一切還原成金錢掛帥，雖然銅臭市儈，卻也相對客觀，業績要求皆可量化；但在基督教機構（也許社會企業也是相類），期望商管運作能與團契生活有機結合，難度就大了許多。

有時強調關係多了，執行紀律就支支吾吾；有時強調原則多幾句，就難免給人冰冷無情的感覺。最難忍受的還是龍門任搬，期望客觀處理時就主觀溫情，期望關懷同行時就公事公辦。

如果能在這種環境下做到兩者並重，原則清晰，對質之前不會只聽片面之詞，對質過程仍能照顧彼此的尊嚴，不會淪為情緒發洩，而是真誠地共同解決問題，這境界實在是人所共求，令人欣羡（慶幸過去現在都有機會與這樣的人共事，感恩）。

就以華人教會常常用作典範楷模的初代教會來說，只要你細讀新約書信，很容易便發現使徒寫信，其中一個最常出現的主題就是處理教會內信徒之間的紛爭，儼如當時的《解決教會紛爭一本通》。而使徒高手之處在於，他們在處理紛爭的同時，總能讓你更明白耶穌基督的心腸。

有時真的很不明白，為了教會的事工，明明領受過主恩滋味的一班人，卻會咄咄逼人不留餘地；明明知道世界既兇狠又邪惡，自己卻會用同一種套路、準則（甚至計謀），對待從世界逃亡到教會、尋求天國庇護的避難者。這個被稱為基督身體的羣體，有時實在令人懷疑，到底是不是掛錯了招牌。

看着信徒羣體，耶穌最常出現的心情，大概是傷心和擔憂吧。如果我們有一刻想到天國，想到耶穌是付上什麼代價來使我們從罪裏釋放，想到聖靈為我們代求時那說不出來的歎息，想到上帝如何面對子民的以怨報德，我們也許會在盛怒的火焰、暴烈的旋風中，聽見聖靈的微聲，提醒我們不屬這個世界，呼喚我們回轉。

這不是因為有觀眾在看，我們才勉為其難，在鏡頭前假裝和好，表演和諧，做一場「作好見證」的活劇。不是這樣的。如果我們真心相信，耶穌基督是恩慈良善的主，每次當我們以良善待人，我們就與耶穌靠近多一點，這本身已是喜樂的所在。

也許，所謂事工，最重要的不是偉大的理念整合、新奇奪目的形式玩法、針砭時弊的先知信息；而是這班人能一起為所信的上帝，同心合意，互相扶持，見證天國主權在我們身上的實在。

3-5

愛嘅，啱呀～～

愛係，就算忍你好耐都仲對你好，
唔葡萄，唔自 high，唔囂屌，
唔會唔理人感受，唔搵自己着數，
無話成日嬲嬲豬，唔記仇，
見到人仆直唔會拍手掌，
見到真善美就最爽皮；
忍一時風平浪靜，退一步海闊天空，
上帝最終會包底，記得撐到尾等睇大結局。
愛嘅，無死嘅。

〈哥林多前書〉13 章 4 至 8 節上

有人說，基督教是一個很重視愛的宗教，原則上我不反對。但怎樣才是基督教所說的愛，卻是人言人殊。

很多人把世界那一套對愛情的想法，還有一大串和愛情相關的產業，都投射到耶穌基督的身上，無限延伸，隨意聯想，把這份無可比擬的愛，化約成煽情的節日商品；無視家人伴侶只是有限的凡人，期待對方向自己不斷輸出完美的愛情。

也有人說，上帝只不過是人的投射，是人把不完美除掉後的完美想像。觀乎教會在母親節父親節的信息，我們又真的只懂得把上帝想像成最完美的父母，謹此而已。這樣的上帝很細小，祂的愛不會超出我們的想像，不會愛我們歧視的人，不會愛我們的仇敵，不會修正我們的偏見，只因我們矮化了上帝，規範了上帝的愛。

〈哥林多前書〉13 章的愛篇，一直都是婚禮的熱門經文。但如果順着保羅這封書信的脈絡看，他其實是在處理教會內結黨相爭、愛筵搶食等問題，而癥結正正在於口中有愛，心中無愛。

耶穌在十架上捨身的愛，不是只為某某人的罪而犧牲。罪從亞當一人進入世界，也要從一人重新設置，以耶穌基督的愛，重新理順上帝與受造世界的關係，也理順我們彼此之間、與大地眾生之間的關係——其實，也是在理順我們與內在自我的關係，練習在愛中接納真實的自我。

愛是知易行難的。保護生命的力量有時會產生病變，成為情緒勒索的手段、千刀萬剮的凌遲——我有多愛你，你感受不到嗎？為什麼我這樣愛你，你卻說我的愛使你窒息？我為你犧牲那麼多，為你打點預備一切，你怎麼毫不領情，你把我當作什麼？我也是人，我也有被愛的需要，你為什麼不理會我？

在親情、愛情、友情之間，在傷害與被傷害之間，那份愛與被愛的渴望，在我們心中留下一道又一道傷痕，種下了禍根，深入尊嚴的骨髓，成為一代接一代的遺患，在關係網中擴散。

是的，現實的確殘酷，患難更是常態；宣稱上帝是愛，是對現實世界的頑抗。縱然人是失信、有限，因着種種缺失而未能履行口所說出的愛，但愛作為永恆上主的本質，不會因為這些缺陷而變改。

愛不純是死忍爛忍的忍耐，而是使忍耐不致腐化成苦毒的抗體。愛不爭取台上的萬千寵幸，不因人的反應落差而心中怨恨，因為那只是心中慾望的投射和操控。愛是能易地而處的同情共感，不是個人的自我感覺良好。愛的實現不只是人倫之間的期許，也是永恆上帝希望見到的真實。耶穌基督的降生、行動、言談、企位、受死、復活，把愛的本質說明，信耶穌，其實是相信上主藉耶穌表白的心腸。

願我們因愛得生。

3-6

嬲人唔好嬲過夜

> 有情緒，嬲嬲豬，都無話唔得嘅，只係唔好嬲過夜，嬲到成日諗住要報復、要害人，噉就唔好啦。你哋以前慣咗繑埋雙手飯來張口嘅，我真係唔該你哋，畀啲貢獻啦，個個都唔做嘢，邊有飯開呀？你肯做，先至有嘢畀到其他有需要嘅人吖嘛。做人呢，把口就唔好咁衰，講說話要諗過度過，對人有好處嘅先至好講。唔好傷聖靈嘅心，唔好要佢日日都擔心你。聖靈係上帝畀你嘅禮物，如果你闊佬懶理，無咗嘅話，我都唔知將來你入唔入到上帝嘅門口呀。
>
> 〈以弗所書〉4 章 26 至 30 節

有些人說，從來沒見過我憤怒罵人，而相識日子較長的朋友，則會說我罵人時是笑住罵的，也有朋友說我憤怒的時候，說話仍是溫柔克制；但其實，只有朝見口晚見面的家人、朋友、夥伴，才會見識過我情緒亂竄時的鋒利、不安、黑面、焦慮、嘮叨、怨言。

隨着對心理學的認識增加，我們開始能夠接納，人有情緒，是很正常的；同時也明白到，壓抑情緒不單無助關係的和好，更是把問題延後和積壓，漸漸發展成一發不可收拾的局面。所以很多人都想建立出一套舒緩情緒壓力的方法，讓人有空間表達情緒，減低情緒爆發時的殺傷力。

大概是這種氛圍下，教會羣體愈來愈多人覺得，做人一定要夠真，憤怒就是憤怒，掩藏就是不對，修飾就是壓抑，禮貌的說法就是虛偽，不把說話說盡就是作假，真理的前設就是要真，所以真小人比偽君子來得更可貴。

這種夾着情緒的求真，在鼓勵發表、不設關卡的互聯網上，就燒得更猛更旺。每一個人都有自己執意表達的真理真相，當不同的真相互相矛盾，就以真理愈辯愈明來架設擂台，在你一言我一語中間展開混戰。每個人都只管發表自己的看法，急於發言，聆聽不足，各人瞬間就被歸邊，彼此的偏見愈發加深，於是情緒再一次高漲，宣洩的憤怒沒有因為宣洩了而舒緩，反倒更是累積，每次重看留言都更火上加油。

憤怒，是一股強大的情緒動力。有些人因為覺得怒氣的殺傷力實在太大，令人壓過理智，失去心神，傷及無辜，所以一看見教會中有人怒火中燒，就急急用盡一切方法，要把怒火盡早撲滅。但這火焰其實同時也是生命氣息所在，過度壓抑，很容易就把求生與求變的意志也一併消除，變得冷漠絕望，麻木無感，然後離開羣體。

問題不是憤怒本身，而是要學習與憤怒共存，建立理智與聆聽的緩衝，引導憤怒成為孕育美好事物的火種。

有些多年的老友，生活中遇到不平事時，會打電話來找我，發洩一下心中怒火。通常我都是不多說話，除了「嗯」，就是複述從他們口中聽到的狀況，以表示我聽得明白。聽筒的那邊，當然情緒高漲，很多時更是粗口橫飛，但我不帶批評的聆聽，就形成一個信任的空間，讓他們在接納中經歷友愛，在風暴中知道有可以返航的避風港，整備後再重新上路。

當然，每一個人承受情緒的空間都很有限，有些人更是我們的死穴所在，接收太多終會有爆煲的一天。要承認我們不是上帝，沒有能力為所有人解憂解困，我們只能把各人的憤怒帶到上帝的施恩座前，在禱告中把一切幽暗盡吐，重建內心的平安；更要祈求上帝掌權，在我們力有不逮之處，扭轉讓人怒火中燒的局面。

3-7

做得啱又使乜怕

你哋如果熱心做好事，又有邊個真係會害到你哋？就算好心無好報，都係有福嘅。人哋怕嘅嘢，你哋唔好怕，唔好畀人恐嚇到，只要一心一意諗住你嘅主耶穌。如果有人質疑你點解仲咁樂觀仲有盼望，要諗定點樣答，唔好到時先至諗，仲要答得氣定神閒淡淡定定。做人頂天立地，做得啱又使乜怕，抹黑我咪盞顯得你身有屎，自己攞菈核突？事實上，如果你哋受苦係因為做咗上帝都覺得啱嘅嘢，總好過係因為做衰嘢而受苦囉。

〈彼得前書〉3 章 13 至 17 節

早陣子，第一次聽中國神學研究院的宋軍老師分享，講到基督教會在中國大陸的景況，驚心動魄。因為要負責回應，我邊聽邊寫了十二頁筆記，心跳不已。

「聽完宋軍老師的分享，大概就知道，包括我自己在內，對中國大陸的認識其實十分皮毛。」我由衷地說。

宋軍老師舉了一個關於操控意識型態的例子，聽得人冷汗直流。場景是在學校，整人的工具是一份叫作「本科教學意識型態自查自糾表」的文件。

當一見到文件的標題，就知道是要你自我審查啦。而當你以為，很簡單嘛，只要按上級的期望填表，不就可以了嗎？很簡單的考試答題技巧而已。如果你真的這麼想，那麼只能回你一句：少年，你實在太年輕了。

當你把表格交回，上司見你這樣填寫，就會把表格發還給你，要你再填一次：「不可能這樣吧？你一定沒有想清楚，請你填寫好再交回來。」如是者，你就開始不敢肯定對方想查什麼、手中掌握了什麼、底牌是什麼，然後小心翼翼再填再交。故技重施，來來往往，一而再、再而三之後，你就漸漸陷入高度焦慮，整天疑神疑鬼。

問題不單在於那些工具，更在於手握權力的人怎樣使用。

時時刻刻面對這樣的惡念操控，你會不聽話嗎？當其他人遇到麻煩，而麻煩是來自有權有勢的人士，你仍會為他們發聲嗎？阻力是大增了吧？社會的自私、自利、自保，就是如此這般，滋生蔓延。

因此之故，特別敬重那些在黑暗中仍然點起一盞閃爍搖曳的油燈，不玩樹敵分化鬥爭，以愛以良善以盼望來對抗黑暗的人。原來以善勝惡，一點也不離地，一點也不抽象。

有次講道，我請會眾設想一個情況：如果教會安排家訪，帶青年人去探望貧窮的劏房住戶、獨居無依的老人，參與的弟兄姊妹深受感動，並因為讀過幾年書，明白眼前的貧困不純是因為個人際遇，也由於肥上瘦下的社會制度，忽視了草根階層的需要。於是在關顧探訪之餘提出批判，可惜一直被冷待無視，然後為了令人正視問題的嚴重，愈說愈大聲，就被指破壞社會和諧，阻礙經濟發展，令到社會和教會撕裂。

如果這事發生在你教會，怎辦？即時停辦社關行動，把感動撲滅於萌芽之時？把對社會的認識停留在表面，抽一抽水，表達一下關心，就當有所行動？留在教會四面牆內，天天敬拜，我們在這裏真好？《聖經》從來都不迴避受苦，只怕我們背棄天國的良善，忘記什麼叫道成肉身。

知易行難，談何容易，這個你我早已知。但如果景況仍未壞透，我們卻已一早放軟手腳，只挑不痛不癢的事情來誇誇其談，對權勢的惡念視而不見。那麼，我們到底在信什麼耶穌？耶穌所受的苦，我們又認識了多少？

3-8

見高拜見低踩，係咪信耶穌㗎？

如果有個人，成身名牌，一睇就知好有米，入咗去你教會；又有個窮人，污糟邋遢，都行咗入去；前面嗰個你就紿熟狗頭黐埋去，帶佢坐靚位，鬼咁好招呼；對住個窮人呢，眼尾都唔望一眼，淨係叫佢企埋一邊。喂，你噉做仲唔係偏心？仲唔係用咗世界嗰一套蒞睇人？弟兄姊妹，你聽我講，神嗰一套同世界嗰一套唔同，其實都好清楚啦，吓話？畀個世界迫到住劏房食菜渣嘅人，上帝就專揀佢哋做天國嘅貴賓；你哋就調番轉，白鴿眼睇人唔起，單單打打句句有骨。乜你哋唔係畀有錢人告到甩褲、恰到上心口咩？佢哋唔係笑你信耶穌咩？搞咩呀？上帝有吩咐過要「愛人如己」，但你哋「見高拜，見低踩」，即係點呀？即係當上帝嘅說話係廢啦，哦，你死喇。

〈雅各書〉2 章 2 至 9 節

貧富懸殊，在香港一直是個困擾。簡單如崇拜後大家是否一起吃飯、選擇吃什麼，已是一場令人支吾以對的階級掙扎。有些人因為荷包乾涸而自卑早走，有些人會因吃不慣地痞食堂而大皺眉頭。

近年常說的「離地」，不是說做人清高有堅持，不是說有理想不向現實低頭，而是指向「何不食肉糜」、「想買到樓就去少兩次日本」這種富人對窮人的生活想像。

他們是想像不到，今天住劏房不同於幾十年前住板間房。大家一齊窮的話，基本物價、生活支出也會維持在低水平；但貧富懸殊是，明明許多人都生活艱難，但物價卻是居高不下，富人有富人生活如常，窮人有窮人捉襟見肘，衣食住行的固定支出佔據收入的大部分。以前一個人打幾份工，是有指日可待的脫貧目標；但今天卻是用以維持漫長而持續貧窮的基本生活。

還記得立法會為到男性有薪侍產假辯論時，代表商界的議員在議事廳大放厥辭，謂打工仔總是貪得無厭，不禁有點納悶。這是老闆對員工的典型想像。

站在老闆立場，員工放長假，的確是有不便，成本的確是會增加，但一間公司的生產力，並不是單看這些。即使不說什麼關顧家庭價值這些理想的提倡，員工能在善待家庭的公司文化下工作，身、心、社、靈的全人需要，以及對公司的歸屬也會有所提升和滿足，這是單用工資也買不到的好處。

有良心的老闆，這個世界不是沒有，卻不是必然。刻薄的老闆一街都是；但在資源不足、競爭嚴峻的情況下，良心老闆要守住員工和公司的福祉也不容易。

要上下一心共渡時艱，不是一句口號就能達成，而是要有許多坦誠的溝通、資源上的調動、政策上的配合，才有條件一起尋求解決的出路。所謂同坐一條船，簡單來說，就是死的話沒有誰能倖免，贏的話就同得榮耀。

新約時代教會的貧富懸殊，跟我們今天也有點相似。有人有錢有人缺錢，各有前因，重點不在於能否均富，而在於我們所有人如何能有尊嚴地好好相處，彼此照料，在匱乏中互相結連，見證上主的預備和供應。錢財多少，只是前設，我們如何做人，有沒有把人看在眼內，不問階級背景，這才真正反映我們心中有多認同天國的價值。

3-9

跟住我照做，就係記念我喇

逾越節嗰晚，一夠鐘，耶穌就行埋枱坐低，然後使徒坐埋過去。耶穌同佢哋講：「我諗你哋實估唔到，我係幾咁想喺我受苦之前，同你哋一齊喺逾越節食呢餐飯。食埋呢餐，我哋下次再食，就要等天國革命成功之後喇。」

「遞隻杯過嚟啦，」耶穌接過杯葡萄汁，祝謝之後遞出去：「你哋傳嚟飲。飲埋呢杯，我下次再飲，就要等到天國嚟到嘅時候喇。」耶穌跟手拎起個包，祝謝之後就搣開，遞畀佢哋：「呢個包，係我嘅身體，係為你哋而搣開，你哋都要跟住我照做。每次噉做嘅時候，記住我點樣為你哋犧牲自己。」

食完飯之後，耶穌拎起隻杯又講：「呢一杯，係用我嘅血同你哋立嘅新約。呢啲血係為邊個而流呢？記住，係你哋呀……但係呢，我哋中間有人做二五……我雖然預咗犧牲自己啫，都唔使噉㗎？做二五仔冇好死㗎。」

〈路加福音〉22 章 14 至 22 節

守聖餐，是信徒羣體一直持守的教會禮儀。雖然不同宗派的聖餐禮，都是以最後晚餐為原型去設立，但強調點各有分別。有些教會強調共飲一杯，有些強調要省察自己的罪，有些則視之為全然的恩典。

記得第一次領聖餐，最大的感受是，自己實在不配受恩。是的，耶穌基督為我們的罪孽受難，誰敢說自己配受恩典呢？這個教導十分正確，沒有反駁的餘地；但隨着領聖餐的次數愈來愈多，不禁開始疑惑，這裏所說的罪，究竟是指什麼呢？

正所謂「差之毫釐、謬以千里」，每一種長期的實踐，都要時刻回想最初的起點，追蹤變化的過程，好讓我們不忘初心，免得我們去到終點時才發覺，那位先我們一步出發、約我們在天國相見的耶穌，不在我們以為的那個終點。

聖餐的設立，是在耶穌被出賣的那一晚。耶穌很明顯知道，這是和門徒一起吃的最後一餐，言辭間充滿約定他朝重逢相見的情懷，也有一點革命前夕的激昂。耶穌以酒類比要流出的血，以餅類比要被傷害的身體，以捨身成仁連結兩個類比，鼓勵門徒也要如此行，藉此記念耶穌的犧牲。

所謂如此行，一方面可指斟酒與擘餅這兩個動作，另一方面也可指耶穌如何捨棄自己的生命來拯救罪人，兩個解釋按語境脈絡理應並存。如果這個方向成立，耶穌鼓勵我們應當跟祂一起如此行，就不單止於禮儀的進行，更在乎日常生活中的捨身，並在捨己的過程中，記念耶穌基督也曾為我們放下自己的生命，在十字架上承擔我們的罪孽。

所以保羅在〈哥林多前書〉11 章提到聖餐時，是從基督為人捨己的角度，教訓這班分門結黨，只顧自己吃飯，不理別人飢餓的信徒。耶穌以餅和杯所設立的記號，他們吃是吃了，喝是喝了，但他們看自己的羣黨比別人大，看自己的需要比別人重要，記號要求他們也要如此行的捨己，也就徐徐失落了。

願我們在世的日子，一同活出捨己的生命，從而加添對上主的思念，好讓我們在天國重聚之日，靠着主的恩典，能與基督一起碰杯，訴說為耶穌而活的故事。

3-10

信仰，係做唔係講嘅

你哋邊個想做智慧人？等人一諗起你就諗起你有智慧？秘訣好簡單：好好生活，諗清楚點生活，畀自己有空間去生活。做係緊要過講；吹水吹到天花龍鳳，都唔及你行出嚟咁有說服力。淨係想人見到你有幾叻，吹到自己無敵，上埋 YouTube 做 KOL，嘢嘢扭到人哋估你唔到，你以為噉就好 super 好有智慧咩？動物都識得虛張聲勢，魔鬼都識得拋人浪頭，呢啲絕對唔係真智慧。當你每次講到人哋有幾唔掂、吹到自己有幾醒，最終只係搞到面阻阻，但唔會有好結果。

〈雅各書〉3 章 13 至 16 節

在教會最怕見到的，是侃侃而談的人。他們說話，給人很有道理的感覺，上至天文下至地理，古今中外國際大勢，都好像學有專精，一副胸有成竹、真理在手的架勢，口袋裏像有十個八個博士學位那樣。

世界之大，常常超出我們的認識和想像。這世上實在也真的有人學富五車，只是不太容易遇上罷了。大部分我們遇見的，都是聽了別人一言半語、書也只是讀了幾個章節，就以為自己什麼也懂的人。尤其在教會圈子，總有人把耶穌那句「我是道路、真理、生命」無限詮釋，以為信了耶穌就等如掌握真理，什麼也懂，什麼也有答案，這種氣場真的令人十分難受。

英國詩人艾略特（T. S. Eliot）有幾句經常被引用的詩句：「在生活中失去的生命，在哪裏？在知識中失去的智慧，在哪裏？在資訊中失去的知識，在哪裏？二十世紀，天旋地轉，將我們帶離上主，推向塵土。」

而來到廿一世紀，這個失重狀態是更嚴重了，我們不斷在手機上瀏覽最新資訊，遲了一秒、慢了半天都是落後，但知是知道了，卻說不出其所以然。在什麼事情也有專家的世界，任何人都覺得自己是專家，然而弔詭的是，我們卻彷彿失去了判斷的智慧和能力。在努力賺錢追逐美好生活的同時，我們卻似乎沒有時間安靜下來，聆聽家人朋友的需要，甚至聆聽自己生命的需要。

信仰講求的，不是神學知識的累積，不是把《聖經》背得一字不漏，而是我們的生命如何跟隨上主，怎樣認識上主的性情，天國到底佔據我們心中的什麼位置。這些都不是靠說話說得漂亮就能達致，而在乎我們每天的身體力行，每天與人的相處，在每個日常生活中的具體時刻，反復判斷和抉擇，領會成生命的智慧。

智慧的判斷，主要是體現在兩方面的生活實踐，一是關乎孰輕孰重的考慮，二是行動時機的評估。

前者的關鍵在於我們心中有沒有一副分別為聖的天秤。分別為聖主要不是在說道德的問題，而是在世界中劃出歸屬於上帝的神聖空間，讓自己意識到上帝在日常生活中的存在，在待人處事的各種抉擇中，學習以基督的心為心，避免自我無限擴大。

而時機的評估，則強調聖靈的提醒和引領。有時候，不同的行動選項，從道理的角度看，差別未必很大，甚至都很有道理；但如果錯判了行動的時機，結果可以截然不同。

例如，當人在悲傷的時候，有些人的安慰就只是安靜地坐在旁邊，有些人則不斷重述自己克服悲傷的經驗，也有些人選擇以《聖經》金句來回應悲傷的處境。這些選項背後，各有不同的思考、理據和合理性，但當實行出來，就很在乎安慰者與當事人之間的關係、雙方的性情，甚至當時的氣氛、身心的狀態，從而影響當下什麼行動才是合適。

敏銳於聖靈的帶領，會幫助我們敏銳地感受當下的狀況，連結在場的每一個人，同呼同吸，同歌同泣，彼此聯絡，在基督的恩典中成為合而為一的身體。

3-11

差之毫釐，敬拜錯神

我真係估唔到，你哋竟然會咁快轉軚。上帝連個仔條命都畀埋你哋，你哋竟然夠膽死出賣佢，跟咗第二個？有人將個重點搞錯晒，亂咁講，講咗第二樣嘢，上帝根本都唔係噉講。我同你講呀，邊個同你講咗第二套，只要同之前講嘅唔同，無論係我哋講抑或天使講，都無好死！夠唔夠清楚？唔，我再講多一次：邊個同你講咗第二套，只要同之前講嘅唔同，都無好死！我講嘢係噉㗎喇，但我唔係要討好你吖嘛。到底我要討好邊個呢？討好你抑或討好上帝呢？如果係要討好你，我仲算係上帝嘅人咩？

〈加拉太書〉1 章 6 至 10 節

大學時修讀哲學，獲益良多。很記得當年的系主任，在講授西方哲學史時，提到不同的哲學家似乎在說同一件事，但如果我們無法分辨概念之間的差異，就很容易變成「雞同鴨講、口同鼻拗」，然後他拿起粉筆，在黑板上揮筆疾書，寫了幾個大字：「差之毫釐，謬以千里」。

論到概念混淆，教會的術語也真的叫人頭昏腦脹。如果從沒到過教會的話，一個人由進入教會大門開始，滿耳就是令人摸不着頭腦的術語。「團契交通」是什麼集體運輸系統？「被殺羔羊」是燒烤大會的主菜嗎？「肢體相交」是不是動手動腳打摔跤？教會看來真是熱愛武術啊……

就像江湖流氓的切口，掌握這些語言是成為「自己人」的首要條件。聽得明、說得出的話，至少不會在人人都像明白對方說什麼時感到頭暈轉向。但在滿足了羣體溝通需要後，我們往往以為自己已經知道了，說得一口流利的術語成為敬虔的外衣，反正在講求包裝的世代，看起來很厲害就是了，這口江湖飯豈不是容易吃得很嗎？

我們的世界觀，對世情的理解，對事理的觀感，是由語言建立出來的。語言說得含糊，理解的基礎似是而非，我們的世界觀就很容易滲進了雜質。其中最危險的場景，發生在我們每個星期的敬拜之中，因為這是我們感性大大超過理性的時刻。

例如，當主席說：「讓我們一起來到主面前，高舉主耶穌基督，高舉十字架，用最大的歌聲，最大的掌聲，最好的音樂，作為奉獻來榮耀主！阿們！哈利路亞！」什麼叫高舉，什麼叫榮耀，什麼叫十字架，唱詩的時候我們朗朗上口，好像很明白；但這些概念，其實十分顛覆，我們唱的時候未必想到——原來在世人覺得公義不彰、上帝不在場的十字架上，竟然是上帝拯救工作的高峰；原來天國的道路不同於人的道路，而我們卻往往抱殘守缺，用自己最慣常的伎倆，走自己的老路，糟蹋上帝所傾流的新酒。

然後再想，在這意義下，什麼是最大呢？掌聲是為了什麼？最好的音樂又是什麼？我們很容易不加思索就跟着說「阿們」，然後唱大聲一點，拍掌大力一點，拍子唱準一點，就以為自己已獻上最好的敬拜，卻沒想過要用力跟隨十字架的顛覆。

敬拜不等於唱歌，而是向上主表達尊崇。我們的上帝，是期望我們以順服為祭，把生命的主權獻上，以天國的公義憐憫來行事，抵抗世俗權勢所竊取回來的榮耀。當我們在日常生活中踐行出這樣的認信，我們在教會中的敬拜，就真的在榮耀主了。

3-12

耶穌教落，罪人係要攬上身

一諗起耶穌基督嘅愛，諗起佢點樣孭起我哋咁多條死罪，我哋就激動到爆。佢之所以一條友攬晒上身，係要畀條生路我哋行，等我哋唔好再淨係諗住自己，而係好似佢噉，將啲嗰的實死無生嘅人攬上身，畀條生路佢哋行。我哋都曾經以為，耶穌只係好似以前啲大佬噉樣，但我哋知衰喇；所以，從今以後，我哋亦唔會再噉樣去睇人。耶穌所攬嘅每一個人，以前做落嘅衰嘢，唔會再計，好似粉筆字噉，一嘢抹走晒，新嘅一樣。但你唔好以為上帝噉做，係因為你有咩嘢叻，所有嘢都只係因為，上帝自己決定咗，由耶穌出面攬我哋上身，等我哋同上帝可以做番自己人；然後畀個任務我哋，代表耶穌去攬其他人，不計前嫌，接埋佢哋返屋企。

〈哥林多後書〉5 章 14 至 19 節

基督徒信耶穌，有時是信得很古怪，把旁枝末葉無限放大，把重中之重看得很輕。至於那些信念，到底是核心的內圍抑或是核心的外圍？孰輕孰重，誰說得準？

有時，我們會倚重權威，找來不同的專家，在某個細微之處大書特書。但耶穌基督的信息，真的那麼難明嗎？至少，十字架上捨身成仁的愛與承擔，對罪人的寬容與接納，即使我們目不識丁，也能意識到這必定是重中之重。問題是，我們會如何演繹這份愛，好讓耶穌基督的愛不致走樣？

有一個我平時常看的網上煮食頻道，網主會一邊教大家煮菜做飯，一邊講生活中遇到的奇人奇事。有一次，網主分享到他小時候，原來曾經跟媽媽返過教會，很虔誠，甚至會在崇拜中幫手事奉。可是有一天，教會崇拜來了一個乞丐，坐在講壇前方，當問安環節，他準備握手的時候，媽媽即時拉他回來，不讓他和乞丐有所接觸。這一幕深深印在他的腦海，亦使他懷疑這個信仰的真偽。

曾經在網上見過一句名人雋語：「耶穌用一生來連結的人，我們卻用一生來竭力迴避。」讀起來不無傷感。今天很多人想看見的教會，不是一間不吃人間煙火的天堂俱樂部，而是要像耶穌一樣，擁抱這個世界的不幸，不再獨善其身，成為表裏一致的信仰羣體，見證耶穌基督在教會中、在我們生命中的主權，而最令人尷尬的，正在於此。

初代信徒得聞福音，那種充滿期待、瞎子開眼般的興奮，是怎樣來的？那是長期被社會排斥，被異族藐視，被政權打壓，被飢餓折磨的一羣。他們的祖先曾經輝煌，與上帝立約，自視為被揀選的民族，卻在滅國後流離失所，寄人籬下。他們一代又一代，祈求上帝回心轉意，解救他們的苦困，讓他們再一次挺起胸膛，吐氣揚眉。然而政治壓力強大，宗教領袖成了維穩工具，社會名流自求多福，上帝的拯救似乎愈來愈渺茫。

耶穌的出現，與被社會遺棄的孤兒寡婦、妓女稅吏同在，宣告世上的權勢沒有絕對的權力，批判沒有與受苦人民站在同一陣線的宗教領袖，重申被淡忘的應許，重燃對上主永恆天國的盼望。

耶穌基督的道路，祂所選擇的身位，實在令當權者坐立不安。與罪人同在，是在批評宗教領袖的判斷嗎？是要撕裂政教合作的和諧嗎？是在密謀作反嗎？是要把信仰羣體置於政權的警戒之中嗎？是要拉攏羣眾來奪權嗎？

這些權力的計算，豈不正好說明，宗教團體與天國的距離到底有多遠嗎？而今天福音的失落，豈不正正由於我們沒有緊緊跟隨基督的腳蹤，與宗教團體也排斥的罪人為友？

祈求上主幫助我們，定睛在主耶穌基督的身影，顯出權勢的虛空，勇敢回應聖靈在我們心中敲響的心跳。

3-13

講道，你估易呀？

弟兄姊妹，唔好睇人企上台好似好威，就一個二個衝出菈爭住搶咪。企得呢個位，影響好多人，所以責任特別大，一罰就罰雙倍。完美嘅人、講乜都啱嘅人，我唔敢講話無，但未見過囉，大部分人都係開口夾着脷，好難講嘢無差錯。嗰如果真係有人做到又點計先？我只能夠講句：好嘢，神奇，頂級，超卓，嗰都做得到仲有咩嘢可以難到你？就好似打機嗰粒控制桿，細細粒，竟然可以令到個角色飛天遁地。你再睇下出面，架貨櫃車咁大架，轉彎都只係用個軚盤扭兩扭。條脷都係一樣，雖然只係細細條，吹起上菈都可以吹到牛咁大。嗱，你睇，星火燎原，咪就係嗰囉。

〈雅各書〉3 章 1 至 5 節

還記得第一次上講道課，心中的虛怯，記憶猶新。站在講壇上，心跳腳震，卻也只能頂硬上。當我把所有經文背景、篇章結構、經節用字、釋義應用等都盡數吐出，同班學員開始逐一回應，好壞參半，卻說不出還差了些什麼。

蔡元雲醫生是當時課堂的導師，他的回應一針見血：「你是好的老師，但講道是要宣講信息呀，單單講一大堆《聖經》知識是不夠的。」啊啊，他是看穿我如何把自己藏在知識的光環下，隱藏自己的真身，利用《聖經》知識來迴避《聖經》信息；而這一下子的拆穿，既讓人羞愧得無地自容，也更幫助我不敢輕忽講壇事奉的責任。

對有些人來說，講壇是他們的主場，一踏台階就如魚得水，但對我來說卻是完全相反。講壇總是令我壓力飇升，講道之前我要預留至少一小時來獨處，預習一次講稿，好預備臨上台前的焦慮反胃，而上台後只希望快點講完下台(早年更會面紅耳赤)，下台後則感到虛脫，要祈一祈禱、定一定神。

有人說在內向者身上這是很常見的現象，但我想，講道給我的壓力還有另一個層面。蔡醫生當時給我的回應是很到位的，而正正因為到位，所以也是正中死穴。我當時之所以會在講壇左閃右避，是因為我自覺自己是一個徹頭徹尾的罪人，一個傷人無數的混蛋，這樣的一個人，憑什麼站在天國之主向子民宣告信息的位置？

我是在這個位置深深感受到，敬畏到底是什麼一回事。要傳講天國的信息，我們能做到的，就只是把自己的不濟攤開，讓人看見上帝在我們身上，竟然留下拯救的恩惠。而我們要做、能做的，只是把我們所體會到的恩惠、上帝的性情，扣連於《聖經》，好好整理，和盤托出。當我們把這個真誠地尋求天國佑助的自己，連上歷世歷代尋求上帝旨意的天國故事，恰好就是上帝要藉着我們的生命來傳遞的福音信息。

也所以，當我們反過來，把講壇變成表現個人魅力的舞台，以三寸不爛之舌招攬崇拜自己的羣眾，以為人多勢眾就是教會興旺，我們就是在上帝的祭壇以外，築建金牛犢的香爐。而如果，作為羣眾的我們，用掌聲供奉這樣子的崇拜，滿足於演出的熱鬧，我們其實脫不掉講壇失守的責任。

我不是專職的傳道人，長執、教牧與會眾面對的艱難，未必能夠充分領會。有些教會，傳道同工幾乎每星期都要預備講道信息，同時兼顧一百幾十人的牧養需要；有些教會，台下有不少讀過神學卻又沒有上台講過道的專業聽眾，每星期都現場評述，壓力超大；有些教會，傳道人崗位長期空缺，貼近會眾切身需要的信息欠奉。

所以我特別敬重那些忠於所託，在小堂會甘心服侍的傳道同工，他們在講台上的信息未必新奇動聽，卻以生命承載所信，具體演繹《聖經》的視野，與會眾甘苦與共，見證基督的同在，這就已是最好的講壇信息了。

3-14

信唔過，又點叫做信仰羣體？

唔好將你對人嘅愛心變成掃背，愈掃愈落，愈落就愈大膽，愈大膽就愈多陰濕嘢，蝦佢唔敢同人講，一味抽水搵着數。雖然人有時真係好多口，是非當人情，但你既然跟得耶穌，呢類說話就唔好再講，要講就講上帝點樣幫過你，噉其他人先會相信，你真係企喺上帝嗰一邊，先至會喺畀人蝦時同你講佢嘅苦情。其實你心裏面都好清楚，呢類污糟嘢，只不過係呢個世界對人嘅迷惑，同上帝乜嘢關係都無。對人哋個荷包流口水，同對人嘅身材流口水，其實一樣係貪心。有啲人把口喰過油，一開口就屬靈嘢，你哋要識得分，咩嘢叫做得把口，咩嘢先至係菈真。唔好同呢種人行得咁埋，萬一上帝嬲起菈，就連你都嬲埋一份。你以前都唔係好人，專喺暗角做壞事，但依家跟咗耶穌，做人就要光明磊落，唔好匿埋做衰嘢，因為耶穌最中意嘅，就係好嘅嘢、啱嘅嘢、真嘅嘢。既然你跟得耶穌，就梗係要留意佢中意啲咩嘢。

〈以弗所書〉5 章 3 至 10 節

常說，教會是一個信仰羣體；但信仰是什麼？羣體是什麼？當你以為，教會的人很重視信仰，所見所聞卻比世俗更世俗，兒女升學、升職加薪、樓股雙升，比起孤兒寡婦、獄中被囚、劏房露宿，更能挑動起我們的神經，今生在手勝過永生在神，世俗的榮譽地位比天國的公義憐憫更讓人滿心稱羨。

當你以為，教會的人很強調人與人的相交，身處其中卻不斷經歷分黨埋堆、蜚短流長、以大欺小、恃強凌弱、「因愛之名」的情緒勒索，令基督的身體，窮得只剩下表面的和諧。

失去信任，不敢再信任，信仰的根基就會動搖；畏懼關係，不敢再親密，對上主的認識就只餘下空洞的概念。進入教會時帶着熱切期望，離開羣體時帶着滿身傷痕，是許多離教者最切身的經歷。

信耶穌，其實不是什麼抽象的哲學思想，而在於與上帝的關係，在於對上帝的信任。所以當信仰羣體中間，出現了信任危機，這比一切外在的逼迫，更為致命。

可惜的是，我們往往對此掉以輕心，利用了別人的信任，毛手毛腳有之，借錢不還有之，閒言閒語有之，結黨爭權有之，滿足一己的私慾，卻斷送了耶穌基督以性命換來、讓人經歷天國的羣體。這是一場光明與黑暗的交戰，發生在人與人之間，也發生在我們內心的隱密處。

當然不是所有教會都是這樣，許多信徒不忍上帝的家破落陷墮，切切為教會禱告，身體力行去力挽狂瀾，能遇上這些天使，都只能說是出於上主的宏恩。但經歷過信任被破壞，我們的身心就像一張紙，被暴力地揉成紙團，即使再怎樣努力攤開壓平，縐折的坑紋始終留下刻痕，留下陰影。

也許道成肉身其實是在說，美好的天國願景，縱使在人間被罪惡所扭曲，被肉身的有限和腐朽，不斷磨滅我們對人性的信任，侵蝕我們對天國的信仰，嘲笑我們對上主再臨、公義彰顯的盼望，然而上主仍以耶穌基督的鞭傷，以被釘在十字架的身軀，以復活卻仍帶着釘痕的雙手，擁抱我們入懷，向我們說一句：「孩子，我知道，我都知道。」

嗯，願上主的可信，幫助我們的不信。

3-15

好感動？完咗聚會睇下做乜至講啦

「如果你眼尾都唔睄一眼，我哋禁食又為乜呢？如果你都唔理我哋，噉辛苦又為咩呢？」呵，投訴吓話？你哋以為我真係唔知咩？你睇下自己搞咩先好講啦，你哋搞禁食，都係為咗自己之嘛。你望下辛辛苦苦幫你打工嘅人，你點對佢哋吖？你蝦佢哋喎。你哋搞禁食，竟然搞到爭菈爭去，郁手郁腳，咁躁底搞咩先？根本就完全搞錯晒。噉搞法，你哋以為我會聽咩？你哋嗰啲禁食，門面嘢之嘛，頭耷耷扮晒死狗，擺晒 pose 去打卡，做畀邊個睇呀？擺上 Instagram 就得，我唔會畀 like 畀心囉。我要嘅禁食，係幫人解開就菈攞佢命嘅繩結，拎走佢膊頭上嘅重擔，畀人重新有自由。所以要點做呀？見人餓你就畀嘢佢食，瞓街嘅你要畀佢有瓦遮頭，無衫着就畀衫佢着，屋企人有事你唔好由得佢死。

〈以賽亞書〉58 章 3 至 7 節

基督徒很喜歡搞活動，又喜歡參加活動，於是教會就最多活動。去特會吸下靈氣，幻想上帝好近好近，情緒高漲眼淚直流，好感動又好有得着，好似做完一場屬靈水療，即使平時做人刻薄成性，都覺得自己容光煥發靈氣迫人，彷彿有神光護體百毒不侵。

不同年代有不同的特會形式，有段時間培靈會好盛行，也曾經流行過敬拜讚美、安靜默想，舊約時就流行禁食。上帝是自由的，無論是幾百人幾千人的復興大會，抑或是幾十人幾個人的祈禱聚會，祂要用就用，重點不在人數，甚至不在技巧，而在於這班人的心，到底是否貼近上主的心腸，是否以祂天國所愛所關心的萬物眾生為念。

有些人說，與其花錢搞活動，不如直接用來賙濟窮人吧，這樣的批評其實是不必的。重點不在於活動，而在於怎樣使用這些場合，讓所有人都有回應天國的機會。

例如，即使是衣香鬢影的活動現場，與會者如果能把握時機，打通堵塞資源流動的貧富關口，喚醒上流社會去阻止有權有勢者對貧窮人的驅逐，回應耶穌基督的使命，同心祈求被擄的異見人士得釋放，讓那看不見明天的外省農民工、在家鄉被土豪惡霸害得家破人亡的上訪者得見未來，叫受壓制的維權律師得自由……這樣反映生命主權誰屬的福音見證，是與耶穌基督信息一致的，是實至名歸的，而那些什麼活動，有什麼名人參與，都只是場景而已。

天國福音的展現，關鍵不在於有幾多媒體報道，而在乎即使沒人認出，教會仍如往常一樣，體會耶穌基督的心腸，與孤兒寡婦、老弱傷殘分享財富資源，在社會中維護公平公正，作和平之子，在上帝面前真心誠意，謙卑跟隨，學像耶穌擺上自己，這就是教會所能為社會預備的最佳禮物。

上主看人，是看人的心。而這一切，在上主面前，無人可以假裝虔誠。人無完美，教會也問題多多，不會做什麼都能有果效，但求盡心盡性盡意盡力，能做多少就做多少，這樣就好。生命的淡雅馨香，就如栽在路旁的桂花，在人羣中默然流露，日復一日，讓人體會到耶穌基督是如何的以馬內利——與人同在的上主，見證天國臨在人間。

3-16

祈禱，唔使用劍嘅

祈禱，唔係要表演畀人睇；唔好扮晒嘢，等人以為你好虔誠，扮晒好人。呢種人，祈禱最中意企喺路中心，有咩天災人禍就出個 post，寫句 R.I.P. 就好似好關心。我老實同你講，佢噉做唔係同上帝祈緊禱，佢只係博你掌聲，呃你畀 like。噉點祈禱至好呢？嗱，好簡單，你搵個地方，無人見到你嘅，無人知道你講咗乜嘢，你祈禱咪可以坦坦白白對準上帝囉。你夠坦白，夠真，上帝係你老竇，佢實聽你講嘅。出面嘅人，無呢種關係，咪以為祈禱要好似唸咒語噉，重重複複，喃喃吟吟，以為噉至靈囉。祈禱，唔使用劍嘅。你最需要嘅嘢，你老竇會唔知咩？你未開口，佢已經乜都知啦。

〈馬太福音〉6 章 5 至 8 節

信耶穌返教會，最先接觸的宗教行為，是祈禱。祈禱是人在塵世的有限和困頓中，對「總有出路」的上主的呼求和回應。

幾十年前的初信栽培班中，為免我們的祈禱太過偏重於祈求，把上帝當做黃大仙，導師就用了「敬認感求」這個四字訣——敬拜、認罪、感謝、祈求——來給我們一點規範。

而許多人在離開初信的起點後，祈禱的形式就變得五花八門，各師各法。有些人的祈禱像例行公事，由閉眼到阿們只需一秒；有些人的祈禱則像宗教表演，措詞華麗格式工整，低迴之處心中淌淚，激昂之處熱血沸騰。

然而，上帝期待我們的祈禱，到底是怎樣的呢？主禱文當然是禱告的典範，但禱告背後更值得我們留意的，是我們祈禱的心態和認信。

什麼時候人是最有祈禱動力的呢？就是人力有盡時。所以，人祈禱，就是向上主承認自己力有不逮，這是一個向上帝坦誠交代、全然交託的空間。上帝清楚你的為人，深知你的有限，接納你的所有，這一連串的體會，多年來在禱告中不斷迴響；那份親厚的心意，立體而豐富。這不是抽象的「全知」觀念，而是在說一份比我們一生還要長久的深刻關係。因為無法隱瞞逃避，在上主面前，什麼也只能和盤托出。

而另一邊廂，上主卻以耶穌基督的死來說明，祂對你的愛，深厚得寧可自己受苦受死，也要給你作個保證，給你信心去坦坦白白。所以在上主的愛面前說出所有，就是要給我們一個場景，把最真實、最不敢向人坦露、連自己也接受不了的自己，向上主展開——不是因為祂不知道，而是為了我們的好處，讓我們在愛中面對自己。

人的精神困擾，很多時都來自真我被壓抑、被忽視、被割離。慾望本身並不可怕，負面情緒也是，因為都有上主的創造在其中。真正要對付的，是人為了慾望而搶奪殺戮，為了發洩而傷害行惡。是上主的愛，是上主的信實，給我們打開一個禱告空間，一個讓真我有機會出來透透氣的練習機會——練習表達，練習說話，練習善待慾望，練習接納自己，練習易地而處，練習重新與外在的自我連接。

透過練習坦白，禱告幫助我們建立與上主真誠對話的生命，讓我們的人生歷史，有聖靈活潑的臨在，並在對話之中，塑造我們的個性和氣質，讓我們更肖似耶穌，更親近天國。

3-17

唔好同個世界癲埋一份呀

到時候，好多人會無晒信心，咩嘢都唔會再信，你告我我又告返你，見人後面憎到佢上前面；一個二個爭住做 KOL，愈講愈唔知想點。因為太多人做太多壞事，搞到唔知仲可以信邊個，對人好又驚畀人拉埋落水害返轉頭，一個二個咪食花生睇你點死囉。如果你唔同個世界癲埋一份，一直堅持上帝嘅良善，一直堅守到尾，噉天國嘅大門一定會為你打開。

〈馬太福音〉24 章 10 至 13 節

生於亂世，眾說紛紜，單單搞清楚中間的似是而非，已是力竭筋疲。每當被塵世的混沌環繞，我都只能在《聖經》中尋回一絲安息；是的，能給我安慰的，只有上主的恩言。

上帝的話語之所以是福音，是恩言，是因為祂是永恒之主，不囿於一時一地的限制，是在太初設立公平公義、在終末以公正作最後評斷的上帝。祂向人留下的言語，透露着祂的心腸和心意，好叫我們被利慾權勢所蠱惑時，能超越身分立場的盲點，穩住快支撐不住的雙腿，在困迫屈枉中挺直腰板。

基督徒說，信耶穌得永生，到底是什麼意思？得永生的重點，不是我們會變成永遠不死，而是我們看事物的眼光不同了。得和失，不在乎人一生的長短，有些東西比一時的氣焰更重要，在永恆的上帝裏，真善美才是上帝所看重的。而我們這些跟隨耶穌、相信上帝的人，要見證上帝的真善美才是值得追求，令那些一生追求真善美而被世俗現實嘲笑的人，因為這些堅持而知道，永恆的上帝也欣賞他的堅持。

「天國近了」是福音，是因為這樣的一個好消息：地上權勢（政權也好，金權也罷）雖然迫你認賊作父，但要知道他們不是永恆的。耶穌宣告，這裏有一個永恆的、公義憐憫之主，你毋須向那暫時的、有限的地上權勢屈膝低頭，順服過頭變成臣服，鼓掌太多變成獻媚，成為助長邪惡的一部分。

宣認耶穌是主，是要校正生命主權的秩序。根基一亂，主愛臨香江就會變成權勢臨香江，天國上主就被地上主子所替代。

帝國霸主，總以為自己會千秋萬世，對自己的霸業沾沾自喜，以為自己手中的權勢是永遠絕對。在我們有限的人生中，這些權勢的確很巨大；但上主把「永恆」放在我們的生命中，就是要告訴我們一件事——這些都是會完結的。上帝對生命的重視和憐憫，對公平和公正的肯定，超越一時一地的權勢組織。

所以，傳福音，不是為了踢人入會，只求教會人數的增長。最後結算的，也不是帶了多少人信主，辦過多少場佈道會，推動了多少個振奮人心的運動，或以上主之名做了什麼大事；而是，在這風高浪急的大時代中，在沒有人留意的時候，能像〈馬太福音〉25 章所說，把吃的給捱餓的人，把喝的給口渴的人，把衣服給冷僵了的人。

這是黑暗中的一絲光芒，讓我們學習如何在乾渴無水之地、在幽暗無星的晚上，懷抱盼望，守候到天明。

世界不是永無止境的永劫回歸，歷史會去到一個終局，主持大局的，是公義的創造主。是這個信念，叫我們能對眼前的幽暗忍耐得住，叫我們不至對公義絕望。福音，如果不是說到這個位置，根本毫無盼望可言；傳福音，如果沒有這種超越地上權勢的視角，那就只是綑綁人的道德八股，一種愚民的馴養，在有意無意之間，鼓勵世俗權勢肆意橫行，尋找可吞吃的人。

願凡遵行祂旨意、行祂所喜悅的事的，在上主的恩言中同得盼望。

Sing Hallelujah to the Lord!

Sing Hallelujah to the Lord!

Sing Hallelujah, Sing Hallelujah,

Sing Hallelujah to the Lord!

Sing Hallelujah to the Lord!

Sing Hallelujah to the Lord!

Sing Hallelujah, Sing Hallelujah,

Sing Hallelujah to the Lord!

Sing Hallelujah to the Lord!

Sing Hallelujah to the Lord!

Sing Hallelujah, Sing Hallelujah,

Sing Hallelujah to the Lord!

Sing Hallelujah to the Lord!

Sing Hallelujah to the Lord!

Sing Hallelujah, Sing Hallelujah,

Sing Hallelujah to the Lord!

Sing Hallelujah to the Lord!

Sing Hallelujah to the Lord!

Sing Hallelujah, Sing Hallelujah,

Sing Hallelujah to the Lord!

Sing Hallelujah to the Lord!

Sing Hallelujah to the Lord!

Sing Hallelujah, Sing Hallelujah,

Sing Hallelujah to the Lord!

Sing Hallelujah to the Lord!

Sing Hallelujah to the Lord!

Sing Hallelujah, Sing Hallelujah,

Sing Hallelujah to the Lord!

Sing Hallelujah to the Lord!

Sing Hallelujah to the Lord!

Sing Hallelujah, Sing Hallelujah,

Sing Hallelujah to the Lord!

時勢好惡，做基督徒好難

作者 / 梁柏堅

策劃編輯 / 史曉晴

美術設計 / 西奈

出版發行 / 突破出版社

香港沙田亞公角山路 33 號突破青年村

電話：2632 0000　傳真：2632 0388

電郵：breakthrough@breakthrough.org.hk

網址：http://www.breakthrough.org.hk

http://www.btproduct.com

承印 / 海洋印務

2019 年 7 月初版 1 刷

2024 年 1 月初版 7 刷

Sing XXXX to the Lord

by Leung Pak-kin

First Printing, First Edition, July 2019

Seventh Printing, First Edition, January 2024

Printed in Hong Kong

ISBN 978-988-8562-13-8

誠邀閣下就突破出版社的書籍發表意見

歡迎加入突破書籍 Facebook page—http://www.facebook.com/btbooks.page

本書採用環保油墨印刷